Xavier Raymond

GUTMENSCHEN

UND KLIMAHÜPFER

DIE MARIONETTEN

DER GLOBALLISTEN

FSC
www.fsc.org
MIX
Papier aus verantwortungsvollen Quellen
Paper from responsible sources
FSC® C105338

Inhaltsverzeichnis

Vorwort...7

1. Umerziehung der Deutschen..................................17

2. Die Waffe Gutmensch...33

3. Im Kopf des Gutmenschen...................................41

4. Die Grenzöffnung 2015.......................................51

5. Die Klimakatastrophe...63

6. Teilen und Herrschen..77

7. Political Correctness...85

8. Verblödung, Programmierung und

   Bewusstseinskontrolle...95

9. Kulturmarxismus..129

10. Gehirnwäsche..137

11. Literaturliste...147

Denken ist eine Anstrengung, Glauben ein Komfort.

Ludwig Marcuse

Vorwort

„Gutmenschen und Klimahüpfer – Die Marionetten der Globallisten", das klingt zunächst provokant. Aber es ist wirklich nicht übertrieben. Nach ausgiebiger Recherche bin ich zu der Überzeugung gelangt, dass die Gutmenschen – ich schätze ihren Anteil in der Bevölkerung in auf etwa 15 Prozent – hochgradig manipuliert sind und eine potentielle Gefahr für die Entwicklung Deutschlands darstellen.

Gutmenschen sind naiv und leichtgläubig, das ist der Kern des Problems. Sie glauben, was ihnen die Medien berichten und was ihnen die Politiker in ihren Sonntagsreden versprechen. Sie hinterfragen nicht kritisch, sie sind oft Wunschdenker, sie können sich einfach nicht vorstellen, dass sie von korrupten und ideologisch verblendeten Journalisten und Politikern (die oft Narzissten und Psychopathen sind) systematisch belogen werden. Dass es Verschwörungen, Geheimbünde und menschenverachtende Pläne von diabolischen Hintergrundmächten gibt, davon wollen sie nichts wissen.

Jeder Mensch, der gut informiert und bei klarem Verstand ist, muss feststellen, dass sich Deutschland seit dem Amtsantritt von Angela Merkel im Jahr 2005 schleichend aber deutlich zum Negativen entwickelt hat. Sehen Sie sich ich alle Themenbereiche einmal genau an. Egal, was Sie untersuchen, die Altersarmut, die Strompreise, die Steuern, den Wohnraummangel, die Mietpreisentwicklung, die Straftaten durch Migranten, den Niedriglohnsektor, die Zahl der Hartz 4- Empfänger, die Besteuerung der Renten oder die Notwendigkeit der 934 Tafeln, die 1,5 Millionen Menschen hierzulande versorgen, egal wohin man schaut, die Regierung macht durchweg Politik zum Nachteil der deutschen Bevölkerung.

Gleichzeitig bewegen sich die Steuereinnahmen auf Rekordniveau und für die Migranten werden jährlich über 50 Milliarden Euro ausgegeben. Am Geld liegt es also offensichtlich nicht, was zu der logischen Schlussfolgerung führt, dass es sich hier um Vorsatz handelt. Man muss die Frage formulieren, wer in diesem Land wirklich die Fäden in der Hand hält. Eine Bundesregierung, die zuerst das Wohl des eigenen Volks im Auge hat, scheint es offensichtlich nicht zu sein.

Deutschland entwickelt sich schleichend zu einer Zwei-Klassen-Gesellschaft. Für Deutsche und Migranten gelten unterschiedliche Regeln, was besonders bei den Urteilen der Deutschen Gerichte deutlich wird. Wird ein Deutscher Bürger beim Wühlen in Abfallbehältern z.B. auf dem Privatgelände eines Supermarktes erwischt oder verweigert er die Zahlung der GEZ-Gebühren, wird er erbarmungslos mit der ganzen Härte des Gesetzes verurteilt. Stehen

jedoch Migranten wegen einer Vergewaltigung oder Körperverletzung vor
Gericht, kommen sie oft mit einer Bewährungsstrafe davon. Viele offenbar
links eingestellte Richter bewerten die Herkunft der Angeklagten aus dem
muslimischen Kulturkreis als strafmildernd. Jeder, der sich abseits des
öffentlichen Rundfunks, also zum Beispiel bei Epoch Times, Junge Freiheit
oder PI-News informiert weiss, dass es sich hier nicht um wenige Einzelfälle,
sondern um ein generelles Phänomen handelt.

Trotz der stetigen Verschlechterung der Lebensbedingungen für die indigene
Bevölkerung und den unübersehbaren Auswirkungen der unkontrollierten
Masseneinwanderung wählen – so ist der Stand Ende 2019 – immer noch 40%
der Bundesbürger die Parteien der Koalition, also CDU, CSU oder SPD.
Dieses Verhalten ist höchst irrational. Diese unglaubliche Naivität und
Obrigkeitstreue scheint ein typisch deutsches Phänomen zu sein. In Frankreich
hatten Steuererhöhungen 2018 zur Protestbewegung der Gelbwesten geführt.
Im Dezember 2019 kam es zu Demonstrationen mit 500.000 Teilnehmern und
zu einem Generalstreik. Die Deutschen Bürger haben die höchste Steuern-
und Abgabenlast in Europa zu tragen, aber Massenproteste oder Streiks
bleiben aus.

Geschichte wiederholt sich

Nach dem zweiten Weltkrieg gab es in Deutschland diese wiederkehrenden,
unbequemen Fragen, die Eltern von Ihren Kindern und Großeltern von ihren
Enkeln gestellt bekamen: „Habt Ihr es wirklich nicht gewusst? Dass Juden

systematisch verfolgt wurden? Dass es Konzentrationslager und Zwangsarbeit gab? Dass es Euthanasieprogramme für `unwertes` Leben gab? Habt ihr wirklich geglaubt, dass man einen Krieg gegen den Rest der Welt gewinnen kann?"

Ist es möglich, dass Millionen Bundesbürger wieder einer falschen Ideologie folgen, die in den Ruin Deutschlands führt? Dass die Menschen die Zerstörung erst mit eigenen Augen sehen müssen, um zu begreifen, dass sie den falschen Parolen gefolgt sind? Werden in Zukunft wieder ähnliche Fragen gestellt werden? Ich prophezeie Ihnen genau dies, dass acht Jahrzehnte nach Kriegsende genau das wieder passieren wird, dass sich Geschichte wiederholen kann, aber diesmal mit komplett umgekehrten Vorzeichen.

Die guten Deutschen haben aus der Geschichte gelernt, so heisst es. Sie haben sich dank der Umerziehung durch die Alliierten verwandelt, von den vermeintlichen Weltzerstörern zu selbsternannten Weltrettern. Beladen mit einem mentalen Rucksack voll historischer Schuld, wollen sie nun alles retten: den Euro, das Klima und die Flüchtlinge.

Die wahnhafte, ideologische Überhöhung des nationalen, des völkischen während der NS-Herrschaft wurde durch die US-amerikanische Reeducation in das diametrale Gegenteil verwandelt, bis hin zur kompletten Unterwürfigkeit und zum Identitätsverlust in weiten Teilen der Gesellschaft.

Durch die Implementierung der Frankfurter Schule und den Marsch durch die Institutionen der 86er wurde ein Frontalangriff auf deutsche Traditionen und die deutsche Kultur gefahren, dessen Auswirkung bis heute sichtbar sind. Der „anständige Deutsche" hat das Fremde ohne Vorurteile stets zu begrüssen. Er träumt idealerweise als Multikulti-Fan von einer „offenen", „toleranten" und „bunten" Gesellschaft, die das Eigene negiert. Das ist der feuchte Traum der Globallisten, der in Deutschland leider sehr weit realisiert worden ist.

Die Parolen der Hitler-Zeit waren „Deutschland über alles", „Arierblut - höchstes Gut" und „Sieg Heil". Die Parolen der Merkel-Ära heissen „Wir schaffen das", „Willkommenskultur" und „Scheitert der Euro, scheitert Europa". Und wieder gibt es Millionen Menschen, die solchen Parolen folgen und sie nicht hinterfragen. Kollektivistische Ideologien und Dogmen, die den Menschen suggerieren, sie sollen sich einer grossen Idee unterordnen. Diese werden durch die Medien verbreitet und erzielen allein durch die tausendfache Wiederholung Ihre Wirkung bei den Massen. In Wahrheit hat sich nichts grundsätzlich geändert, nicht die Menschen und auch nicht die Methoden der Propaganda.

Die links-bunten Gutmenschen in der Politik, in den Gerichten, den Schulen, der Verwaltung und in den Wahlkabinen sind eine existentielle Gefahr für Deutschland, weil sie die Politik der Selbstzerstörung befördern. Sie lassen sich mit blumigen Umschreibungen verführen, sie glauben der Regierung, sie glauben den Medien und erkennen nicht die Gefahren der politischen Agenda.

Die Hintergrundmächte, die Deutschland insgeheim regieren, haben sich nette Erzählungen einfallen lassen, auf die naive Gutmenschen hereinfallen.

Hinter dem „Friedensprojekt EU" steht die Entwicklung zur zentralistischen Steuerung ehemals souveräner Nationalstaaten. Über 80% der Gesetze und Verordnungen, die in Deutschland gelten, kommen heute aus Brüssel. Die Kommissare des EU-Rates kann man nicht wählen, sie werden vom Präsidenten bestimmt. Die Abgeordnete können keine Gesetzesvorschläge einbringen. Die EU ist das undemokratischste Konstrukt seit dem Römischen Reich.

Die „Energiewende" führt zur Zerstörung der Landschaft durch Windkraftanlagen, gesundheitsschädlichem Infraschall, höheren Strompreisen, Abwanderung von energieintensiven Betrieben, der Gefahr eines massiven Blackouts durch Zappelstrom, der Tötung von jährlich hunderttausenden Vögeln und Milliarden Insekten. Die Herstellung eines Windrades verbraucht mehr CO_2, als es im Betrieb einspart. Die geplante Abschaltung von Kohle- und Atomkraftwerken ist eine der schlechtesten Entscheidungen, die je im Nachkriegsdeutschland getroffen wurde. Wie manipuliert viele Deutsche mittlerweile sind, zeigen Umfragen nach denen 40 bis 50% der Teilnehmer für die Einführung einer CO_2-Steuer sind.

Hinter der „Willkommenskultur" für „Geflüchtete" steckt die Flutung Deutschlands mit kulturfremden Einwanderern, von denen 95% niemals abgeschoben werden, auf lange Sicht die Sozialsystemen kollabieren lassen,

die Sicherheit im öffentlich Raum zerstören und die Kriminalitätsraten rapide
ansteigen lassen.

Die Kriminalität von Zuwanderern ist von 2017 auf 2018 in folgenden
Bereichen angestiegen:

- „Gewaltkriminalität" um 1,4 Prozent.
- „Mord und Totschlag" um 4,5 Prozent.
- „Raubdelikte" um 3,7 Prozent.
- „Gefährliche und schwere Körperverletzung" um 2.0 Prozent.
- „Straßenkriminalität" um 5,3 Prozent.
- „Straftaten gegen die persönliche Freiheit" um 5,7 Prozent.
- „Nötigung" um 14,6 Prozent.
- „Bedrohung" um 3,1 Prozent.
- „Nachstellung (Stalking)" um 19,3 Prozent.
- „Sexueller Missbrauch von Kindern" um 3 Prozent.
- „Autodiebstahl" um 37,1 Prozent.
- „Fahrraddiebstahl" um 0,4 Prozent.
- „Tankbetrug" um 28,8 Prozent.
- „Betrug mittels geraubter Zahlungsmittel" um 33,8 Prozent.
- „Wirtschaftskriminalität" um 7,6 Prozent.
- „Urheberrechtsstraftaten" um 47,3 Prozent.
- „Sachbeschädigungen" um 2,3 Prozent.
- „Beleidigung" um 11,8 Prozent.

- „Sachbeschädigung" um 2,3 Prozent.

- „Widerstand gegen die Staatsgewalt" um 56,0 Prozent.

- „Umweltstraftaten" um 17,6 Prozent.

- „Straftaten gegen das Waffengesetz" um 36,2 Prozent.

- „Computerkriminalität" um 25,5 Prozent.

- „Computerbetrug" um 26,9 Prozent.

- „Rauschgiftdelikte insgesamt" um 21,6 Prozent.

- „Heroin" um 15,8 Prozent.

- „Kokain und Crack" um 31,0 Prozent.

- „LSD" um 6 Prozent.

- „Ecstasy" um 60,6 Prozent.

- „Methamphetamin" um 14,5 Prozent.

- „Cannabis" um 21,4 Prozent.

- „Verbreitung pornografischer Schriften" um 24,3 Prozent.

- „Verbreitung von Kinderpornografie" um 34,1 Prozent.

In diesem Buch geht es nicht nur um die Gutmenschen an sich.

In zwei Kapiteln werden die beiden wichtigsten Themen, bei denen sich die Gutmenschen gerne austoben, um die Welt zu „verbessern" besprochen: Die Masseneinwanderung von Migranten nach Deutschland und der angeblich menschengemachte Klimawandel. Hier bekommen Sie viele Fakten mit Quellenangaben geliefert, mit der sie jede Diskussion gewinnen können und Pseudo-Argumente abwehren können.

Ausserdem werden die unterschiedliche Denktypen analysiert, die Herrschaftsinstrumente der Machtelite, die Methoden der Propaganda, das „Teile und Herrsche-Prinzip" und das geheime, globale Programm der Bewusstseinskontrolle erklärt, das für die allgemeine Verblödung und die vielen psychischen Störungen verantwortlich ist.

Werbung: Wenn Sie das Thema Klimawandel interessiert, empfehle ich an dieser Stelle die Lektüre meines ersten Buchs „Die CO2-Agenda der neuen Sozialistischen Weltordnung". Dort habe ich die Agenda des angeblichen „Treibhausgases" CO2, die Protagonisten, die wirtschaftlichen Profiteure und die wahren Gründe für die Deutsche „Energiewende" bis in die Tiefe hinein analysiert, die verborgenen, langfristigen Ziele aufgedeckt und mit zahlreichen Quellenangaben und Zitaten belegt. Das Buch ist in allen gängigen Onlineshops als Taschenbuch und ebook zum kleinen Preis erhältlich.

16

1   Umerziehung der Deutschen

Wie konnte es dazu kommen, dass eine historisch einmalige und so einschneidende Entwicklung, die Massenmigration, ausgelöst durch den einsamen „Führerbefehl" von Angela Merkel, ohne jede Rücksprache mit dem Bundestag, dem Bundesrat, dem Bundespräsidenten oder dem Koalitionspartner bei den Menschen in Deutschland völlig unterschiedliche Reaktionen ausgelöst hat? Die eine Hälfte der Gesellschaft schien geradezu berauscht zu sein, war in einer freudigen Refugee-Welcome-Stimmung, die andere Hälfte war selbstverständlich und sehr begründet besorgt wegen der Massen an Einwanderern, die aus fremden Kulturen zu uns hereinkamen und die das Land, die Sozialsysteme und die innere Sicherheit auf Dauer zum Negativen verändern würden.

Emotional aufgeladen beschimpften sich beide Fraktionen nun gegenseitig. Die Skeptiker nannten die Vertreter der erste Gruppe „Gutmenschen" oder „Bahnhofsklatscher". Die Menschen der zweiten Gruppe wurde von der ersten als „Homophobe" oder „Rassisten" diffamiert. Was ist der Grund für diese völlig unterschiedliche Wahrnehmung desselben Vorgangs? Der Unterschied muss im Denken liegen, in der Prägung, in einer Art Gehirnwäsche. Die Ursachen der heutige Spaltung der Gesellschaft in Befürworter und Kritiker der Masseneinwanderung liegen lange zurück und sind den jungen Menschen nicht bekannt. Man kann sagen, das Fundament des Gutmenschentums wurde 1945 gelegt.

Die Umerziehung

Betrachten wir hier Berichte über Geschehnisse aus der deutschen Vergangenheit, die den meisten Bürgern entweder nie bekannt waren, oder bereits in Vergessenheit gerieten und in Anbetracht der aktuellen Spaltung der Gesellschaft durch die Flüchtlingskrise Sinn ergeben. Die Kollektivschuld ist die moralische Basis für die Willkommenskultur der Gutmenschen.

Anweisungen von 1945 für die Re-Edukation der Deutschen

"Die Umerziehung hatte den Zweck, das deutsche Volk auf psychologischem Wege in seiner geistig-seelischen Substanz entscheidend zu verändern. Damit schufen sich die Westmächte ein Mittel, das die Menschen in der Bundesrepublik mit der Hilfe einer systematischen Massenbeeinflussung unterwarf und sie alle Schuld freiwillig auf sich nehmen ließ, wogegen (nach dem Ersten Weltkrieg) die Kriegsschuldlüge des Versailler Vertrages zu einem allgemeinen Widerstand des Volkes führte.

18

Nach Ende des zweiten Weltkrieges bemühten sich die Amerikaner, die Theorien der Umerziehung in Deutschland in die Praxis umzusetzen. Die Abteilung für psychologische Kriegsführung wurde in "Abteilung für Informationskontrolle" umgetauft und ließ sich zunächst in Bad Homburg nieder, von wo sie 1946 nach Berlin verlegt wurde. Eine ihrer Hauptaufgaben war die Vergabe von Lizenzen für Zeitungsherausgeber, Verleger, Filmintendanten und Rundfunkdirektoren. Die Anwärter auf diese Posten wurden in Bad Orb im Screening Center, das vom Londoner Psychiater David Mardochai Levy ins Leben gerufen wurde, auf ihre - im Sinne der neuen sozialpsychologischen Thesen - "charakterliche Eignung" getestet."

Vertrauliche Mitteilungen, Spezialausgabe zur Umerziehung des deutschen Volkes, Juni 1984, 2. August 2010
http://psychokrieg.blogspot.com/2010/08/umerziehung-der-deutschen-zur-nwo.html

Charakterwäsche

Als aussichtsreichstes Mittel für die Änderung des deutschen Charakters wurde die Erziehung angesehen, und der Leiter der Abteilung "Erziehung" bei der amerikanischen Militärregierung verkündete 1948 in einem Umerziehungsprogramm u.a.:

"Die wahre Reform des deutschen Volkes wird von Innen kommen. Sie wird geistig und moralisch sein. Die Schultypen sind von geringerer Bedeutung für die Zukunft Deutschlands und der Welt als das, was gelehrt wird, wie gelehrt wird und durch wen gelehrt wird. Keine Besatzungsarmee wird je erfolgreich ein pädagogisches oder kulturelles Schema einem besiegten Volke auferlegen. Militärregierung wird als Militärregierung angesehen werden. Es wird daher das Ziel der Militärregierung sein:

a) die als demokratisch bekannten Elemente in der deutschen Bevölkerung zu identifizieren und zu ermutigen;

b) die Entwicklung oder Wiedererrichtung von Institutionen und Organisationen in Deutschland zu unterstützen, die zur Erfüllung unserer Mission beitragen können."

Dr. Jaeckel listet folgende Hauptpunkte der Vorgehensweise unserer Umerzieher nach dem Zweiten Weltkrieg:

- Ablenkung des Bundesbürgers von der Politik durch das Wirtschaftswunder.
- Auferlegung des Sonderstatus des verbrecherischen und am letzten Krieg alleinschuldigen Volkes.
- Man setzt die Kriegsgeneration einer Dauerdiffamierung aus und bemüht sich, in ihnen die Vorstellung des eigenen Versagens, der eigenen Schuld und der Kollektivschuld zu erzeugen.
- Den nachwachsenden Generationen bemüht man sich einzureden, dass sie ein Recht haben, ihre Eltern unter einen Schuldvorwurf zu

stellen und gegen sie zu revoltieren. Gezielte
Zersetzungskampagnen schwächen die Staatsautorität.

- Im Bereich der offiziellen Kulturpolitik ist alles Erhabene,
  Erhebende und Schöne außer Kurs. In der bildenden Kunst herrscht
  abstrakter Konstruktivismus, der bis zu Abnormalität und
  Nihilismus geht.

- Zur systematischen Zersetzung der westdeutschen Moral gehört die
  Einführung des Begriffs der pluralistischen Gesellschaft, wonach
  sich jedermann seine eigenen Wertmaßstäbe selbst bilden kann, und
  innerhalb dessen vor allem die Verbreitung der Vorstellung, dass es
  keine absoluten Sittengesetze gibt. Durch solche Lehren überlässt
  man es also auch den Jugendlichen, eigene Wertmaßstäbe zu bilden.
  Damit wird das westdeutsche Gemeinschaftsleben schon bei der
  Jugend zersetzt, und diese lebt weitgehend in einem moralischen
  Nihilismus, da sie nicht unterscheidet zwischen Gut und Böse,
  Recht und Unrecht, sondern deren Verhalten sich mehr oder weniger
  danach richtet, was ihr nützt oder nicht nützt (Konsumdenken). An
  die Stelle allgemeingültiger Leitbilder ist das eigene Ich getreten, an
  die Stelle des Gemeinwohls der Egoismus.

"Vertrauliche Mitteilungen", Spezialausgabe zur Umerziehung des deutschen
Volkes, Juni 1984
http://psychokrieg.blogspot.de/2010/08/umerziehung-der-deutschen-zur-
nwo.html

Von Gutmenschen und Antideutschen

In Foren, in Blogs und an Stammtischen wurde ab Herbst 2015 viel diskutiert über die sogenannten Gutmenschen oder Multikulti-Fans, die in der unkontrollierten Einwanderung keine Gefahr, sondern sogar eine Bereicherung für unser Land sahen. Die Auswirkungen, die diese Entwicklung mit sich bringen musste – die Islamisierung und die Einschleusung von Terroristen – wurden ignoriert, geleugnet und verdrängt. Es wurde stur am Dogma „Willkommenskultur" festgehalten, die Gefahren wurden ausgeblendet.

Diese Menschen sind psychisch stark manipuliert, sonst würden sie nicht das tun, was sie tun. Kein geistig klarer, mit dem Herzen fühlender und mit der Heimat verwurzelter Mensch würde aktiv dabei mithelfen, seine eigene Basis, seine Heimat zu zerstören. Sie sind Opfer und Werkzeuge einer Ausbeutungs- und Globalisierungsagenda unter Führung der USA, ohne den Hauch einer Ahnung zu haben, was mit ihnen gemacht wurde. Natürlich wird der gehirngewaschene Mensch abstreiten, manipuliert zu sein und behaupten, er stehe auf der Seite der „Guten", um das „Böse" (den Nationalismus) zu bekämpfen.

Die Ursachen

Die Deutschen wurden vorsätzlich schwer traumatisiert. Ihr Selbstwertgefühl und die für die psychische Gesundheit wichtige Verwurzelung mit der Heimat wurde systematisch gestört, durch das US-amerikanische Programm der Umerziehung der Deutschen, bestehend aus diesen Bausteinen: der Geschichtsfälschung aus der die deutsche Alleinschuld am ersten und zweiten Weltkrieg abgeleitet wird, dem ständigen Präsentieren von Filmen und Bildern des zweiten Weltkriegs und des Holocaust, in der Schule, in der Universität und durch die Medien. In unzähligen US-amerikanischen und deutschen Spielfilmen wird der grausame Nazi präsentiert, der Zuschauer immer wieder offen oder unterschwellig an die Zeit der NS-Diktatur erinnert. Hier nur die bekanntesten Beispiele aus den letzten 15 Jahren: Schindlers Liste, Die Fälscher, Jud Süss - Film ohne Gewissen, Sophie Scholl - Die letzten Tage, Inglorius Bastards, Der Untergang.

Die über 1.000 Jahre alte Geschichte der Deutschen wird im Schulunterricht und in TV-Dokumentationen bewusst auf den Zeitraum von 1914 bis 1945 verkürzt. So entsteht der völlig falsche Eindruck, dass es sich bei „den Deutschen" um ein kriegerisches Volk handeln muss, da es gefühlt ständig damit beschäftigt war, andere Länder zu überfallen und Minderheiten zu terrorisieren.

Niemand unterrichtet sie über die tatsächliche Geschichte, z.B. über Churchills Kriegslust, die Dawes- und Young-Pläne, die Balfour-Erklärung, das Ha'avara-Abkommen, etc. Wie sollen sie sich auch für diese Themen interessieren und dazu recherchieren, wenn sie noch nie davon gehört haben? Sie sind ahnungslose Opfer. Sie haben keine Ahnung von der wahren Geschichte.

> *„Sie können in Deutschland nicht Geschichte lehren wie sie war, ohne gefeuert zu werden... Die ganze Theorie der Schuldenpolitik wurde damals an der Wallstreet entwickelt. Plötzlich gab man den Deutschen eine falsche Geschichte. Sehen Sie sich die deutschen Schulbücher an und die Propaganda, Monat für Monat, Jahr für Jahr.“* **Prof. Michael Hudson**, University of Missouri, Kansas City

Die Frankfurter Schule

Die Frankfurter Schule entstand zur Zeit der Weimarer Republik. 1923 gründeten marxistische Intellektuelle um Pollock und Horkheimer an der Frankfurter Universität das „Institut für Sozialforschung". Nach dem zweiten Weltkrieg kamen die Vertreter der ‚Kritischen Theorie‘ wieder zurück nach Deutschland, wo an der Frankfurter Universität das Institut neu gegründet wurde.

Die marxistischen Intellektuellen beherrschten von jetzt an den größten Teil des geistigen Lebens in Deutschland. Max Horkheimer, Theodor W. Adorno, Marcuse, Fromm, Mitscherlich, Bloch und Habermas formten große Teile der deutschen Jugend, was, zusammen mit der zunehmenden Unzufriedenheit mit der Wachstumsgesellschaft und ihrer Sinnlosigkeit, zur Revolte von 1968 führte.

Ihre Ziele: die Zerstörung der deutschen geistigen Tradition, die Vernichtung des Volks- und Vaterlandsbewusstseins, der Abschaffung aller Autoritäten, die Auflösung der Familie und der klassischen Geschlechterrollen. Heute besetzen die alt-68er viele Spitzenpositionen bei den Linken, den Grünen, der SPD, den Gewerkschaften, den Kirchen, den Zeitungen und den öffentlich-rechtlichen Sendern.

Die „Willkommenskultur"

Durch die quantitative Präsenz der alt-68er in den öffentlich wirksamen Medien (72% der Journalisten wählen links oder grün*) entsteht der falsche Eindruck, ganz Deutschland stünde geschlossen hinter der Energiewende, der EU und der Einwanderungspolitik von Angela Merkel. Dies ist jedoch nur die *veröffentlichte* Meinung und hat nichts mit der realen, öffentlichen Meinung zu tun. Über 60% der Deutschen lehnen die unkontrollierte Masseneinwanderung ab.

Anders formuliert: Eine kleine, aber mächtige Minderheit will die Mehrheit davon überzeugen, dass die Willkommenskultur die neue deutsche Leitkultur sei. Die linken Meinungsmacher sitzen schon so lange in ihrer Filterblase, in ihren Elfenbeintürmen, dass sie den Kontakt zur Basis völlig verloren haben. Sie verdienen gut, sie wohnen in den gutbürgerlichen Bezirken am Stadtrand und bekommen von dem Leben der Arbeiter und Rentner nichts mit, die jeden Euro heute zweimal umdrehen müssen.

* Das Institut für Demoskopie in Allensbach IfD hat in einer Umfrage 2009 die Neigung der Medienschaffenden zu den verschiedenen Spektren in der politischen Landschaft erfragt.

Die Symptomatik

Die Deutschen wurden schwer traumatisiert. Ihr Selbstwertgefühl wurde systematisch gestört. Sie leben mit einem unterbewusst ständig präsenten Schuldgefühl. Dieses negative Gefühl versuchen die Gutmenschen und Antideutschen durch politisch korrekten Aktivismus zu kompensieren. Sie brauchen ständig Gefühle der moralischen Überlegenheit, dann fühlen sie sich gut. Sie wollen öffentlich zeigen, dass sie nicht zu den „hässlichen Deutschen" sondern zu den Guten gehören.

Sie sind „weltoffen" und „tolerant", so wie man es ihnen eingetrichtert hat. Sie ziehen das Fremde dem Deutschen grundsätzlich vor. Alle Anderen, die dies nicht mitmachen wollen und die Einwanderungspolitik kritisieren sind - der Gehirnwäsche entsprechend - potentielle „Nazis".

Die Ausprägungsformen

Bei schwacher Ausprägung spricht man vom Multikulti-Symptom. Das Fremde wird nicht als Bedrohung, sondern als Bereicherung empfunden. Die Gutmenschen tragen Plakate und Banner mit dem Slogan „Refugees Welcome" und arbeiten ehrenamtlich in Migrantencamps. Dazu kommt die strikte Beachtung der „Political Correctness" in Wort, Schrift und Bild, um eindeutig als „guter" Deutscher identifiziert werden zu können. Sonst droht die soziale Ausgrenzung.

Bei starker Ausprägung zeigt sich zusätzlich die Naziphobie. Überall und jederzeit lauert die „Gefahr von rechts". Und wenn sie nicht real existiert, dann wird sie eben herbei geschrieben. Diese Gefahr muss selbstverständlich von Anfang an und mit allen Mitteln bekämpft werden. Hier zeigt sich das schwarz-weiß-Denken. Diese geistig Verwirrten können nicht zwischen Einwanderungskritik und Rechtsradikalismus unterscheiden. Wer sich emotional erregt, kann nicht mehr klar denken. Das ist der ganze Trick.

Bei der extremen Form kommt das antideutsche Syndrom hinzu. Die häufig vorkommende Einstellung ist: die „potentiell rassistischen" Deutschen müssen von den den USA und Israel beaufsichtigt und kontrolliert werden, damit es nicht zu einem neuen Holocaust kommen kann. Diese indoktrinierten Menschen werden, wenn sie jung und orientierungslos sind, gerne von der Antifa als Berufsdemonstranten und Randalierer eingesetzt. Sie demonstrieren gegen die von der Lizenzpresse ausgerufenen gefährlichen Rechtspopulisten, also AfD, Pegida, Compact und Merkel-muss-weg Demos.

Die Naziphobie und das antideutsche Syndrom haben sich wie ein geistiger Virus in hunderttausenden Hirnen eingenistet. Bei den grünen und roten Politikern, bei linken Lehrern und Professoren, aber auch bei Musikern. Von Kreativität ist bei diesem Thema nicht viel zu erkennen, es handelt sich meist nur um eine Aufzählung von Stereotypen und um Erklärungsmuster auf niedrigstem geistigen Niveau aufgrund der kompletten Abwesenheit von Hintergrundwissen.

Hier drei Beispiele:

> „Der Sascha, der ist arbeitslos, was macht er ohne Arbeit bloß?
> Er schneidet sich die Haare ab und pinkelt auf ein Judengrab.
> Zigeunerschnitzel, das schmeckt gut, auf Sintis hat er eine Wut, er
> isst so gern Cevapcici, Kroaten mochte er noch nie.
> Der Sascha, der ist Deutscher, und deutsch sein, das ist schwer.
> Und so deutsch wie der Sascha, wird Abdul nimmer mehr.
> Er kennt sogar das Alphabet, weiß, wo der Führerbunker steht.
> Nein, dieser Mann, das ist kein Depp, der Sascha ist ein deutscher
> REP.
> Er ist politisch informiert und weiß, dass jeder Fremde stört, und
> auch sein treuer Schäferhund bellt jetzt nicht ohne Grund. (...)
> Jetzt lässt er die Sau erst raus und geht zum Asylantenhaus, dort
> schmeißt er eine Scheibe ein, denn jeder Neger ist ein Schwein.
> Dann zündet er die Bude an, ein jeder tut halt, was er kann. Beim
> Thema "Deutsche Gründlichkeit", da weiß er voll Bescheid. "
> **Die Toten Hosen**: Sascha...ein aufrechter Deutscher

*Wäre es nicht praktischer / wenn da, wo vorher Deutschland war /
in ein paar Jahren ein Baggersee entsteht / Alle könnten schwimmen
da / Enten füttern, Tretboot fahren / Wär das nicht die Lösung des
Problems / Atombombe auf Deutschland / Dann ist Ruhe im Karton /
Komm, wir bomben einen Krater / und dann fluten wir das Loch / ...
Atombombe auf Deutschland / Alles Gute kommt von oben /
Der historische Fehler, dass Deutschland existiert / wird durch den
Baggersee hier und heute korrigiert / Weg mit dem Scheißland, wir
wollen einen Strand / Limo, Bikini, Sombrero und Eisstand / Okay,
für paar Jahre bisschen atomare Strahlung / aber Leute, es gibt
immer einen kollateralen Schaden / Manche finden das mit der
Atombombe voreilig / Denkt mal nach, also ich seh nur Vorteile,*
Antilopen Gang: *Baggersee*

„Ponyhof statt Deutschland, das wär ne Idee
Deutschland gib dein Handy, wir lieben das Klischee
Punk heißt gegen's Vaterland, das ist doch allen klar
Deutschland verrecke, das wäre wunderbar!
Heute wird geteilt was das Zeug hält
Deutschland ist scheiße, Deutschland ist Dreck!
Gib mir ein "like" gegen Deutschland
Deutschland ist scheiße, Deutschland ist Dreck!"
Feine Sahne Fischfilet: *Gefällt Mir*

Jetzt und für die nächsten Jahre erfüllen die Gehirnwäsche-Opfer eine sehr wichtige Funktion für die US-Besatzer: Die Flutung Deutschlands mit Einwanderern soll möglichst reibungslos, ohne gesellschaftlichen Widerstand, ablaufen. Kritiker sollen durch Stigmatisierung (Nazikeule) oder durch rohe Gewalt (Antifa) zum Schweigen gebracht werden.

> *„Ein Politiker teilt die Menschheit in zwei Klassen ein: Werkzeuge und Feinde."* **Friedrich Nietzsche**, *Philosoph, 1844 - 1900*

Die Heilung

Gegen die globale Indoktrinierung durch Medien und Politik hilft nur eines: Wissen. Doch wie sollen die verblendeten Linksgrünen, Gutmenschen und Antifanten erkennen, dass sie einer lebenslangen Lüge aufgesessen sind? Wie sollen sie begreifen, dass sie zu Werkzeugen einer globalen Verschwörung gegen Deutschland gemacht wurden?

Für Fakten und Realitäten zeigen sich die unwissenden Opfer nur schwer zugänglich. Hier erkennen wir die Schwierigkeit einer möglichen Heilung, denn das Schuldgefühl der Deutschen, beruhend auf der verfälschten deutschen Geschichte durch den Besatzer USA ist tief im Unterbewusstsein verankert, es koppelt sich an Ängste und Gefühle.

Um diese Programmierung aufzubrechen, nützen Zahlen und Fakten leider nichts, die Gefühle müssen eine entscheidende Rolle spielen. Es braucht wohl einen persönlichen, emotionalen Schock, der stark genug ist, um die Programmierungen der Vergangenheit aufzubrechen, um die alten Prägungen durch etwas Neues zu ersetzten, der Wahrheit.

Die Auswüchse der unkontrollierten Einwanderung und der zerstörerischen Energiewende müssen wohl erst deutlicher und drastischer werden und persönlich für die Betroffenen erlebbar werden, damit die Traumblasen der Gehirngewaschenen zerplatzen.

2   Die Waffe Gutmensch

Eine These von Hagen Grell

>>Das Gutmenschentum ist eine psychische Krankheit, die weltweit und insbesondere in Deutschland etliche Menschen befallen hat. Diese Krankheit wurde gezielt von den Feinden Deutschlands durch Traumatisierung der Bevölkerung erreicht.

Ein Gutmensch ist ein gebrochener Mensch, dessen Selbstwert zerstört wurde, der seine erlernte Minderwertigkeit nur lindern kann, indem er scheinbar übermenschliche Taten der „Nächstenliebe" und „Gerechtigkeit" vollbringt. Durch diese für ihn „heiligen" Taten erhält der Gutmensch einen positiven Gefühlskick, der ihn seine erlernte Minderwertigkeit für eine kurze Zeit vergessen lässt. Dieser Gefühlskick ist wie eine Drogenkick. Sobald das Gefühl nachlässt, braucht der Gutmensch mehr, weil sein Hunger nach Selbstwert nicht gestillt werden konnte. Und dieser Hunger soll auch nicht gestillt werden, denn das Gutmenschentum ist für die Feinde Deutschlands eine hocheffektive Waffe, die nur solange funktioniert wie die Gutmenschen sich selbst hassen.

Definition

Der Begriff Gutmensch ist etwas unglücklich, weil sich damit auch Menschen angesprochen fühlen, die wirklich guten Herzens sind, die sich ernsthaft für Menschen, Tiere oder die Natur einsetzen. Diese Menschen, die Gutes tun, ohne sich ständig ins Rampenlicht zu stellen, sind hier ausdrücklich nicht gemeint.

Im englischen Sprachgebrauch gibt es präzisere Begriffe wie „Progressives" oder „Social Justice Warriors". Die Menschen, die hier als böse Gutmenschen bezeichnet werden, sind oft faul und leistungsunfähig, weil sie ein kurzes Durchhaltevermögen besitzen. Ihre Aktionen sind meist kurz, laut und emotional.

Zu Ihrem Repertoire gehören Beleidigungen, Denunzierungen, das Anschreien der Gegner, das Werfen von Konfetti, das Benutzen von Trillerpfeifen, Farbbeutelwürfe, Graffiti und Sachbeschädigungen. Schimpfwörter wie „Nazi", „Antisemit" oder „Rassist" gehen ihnen sehr leicht von den Lippen gegen jeden, der nicht ihrer Meinung ist.

Entstehung des Gutmenschentums

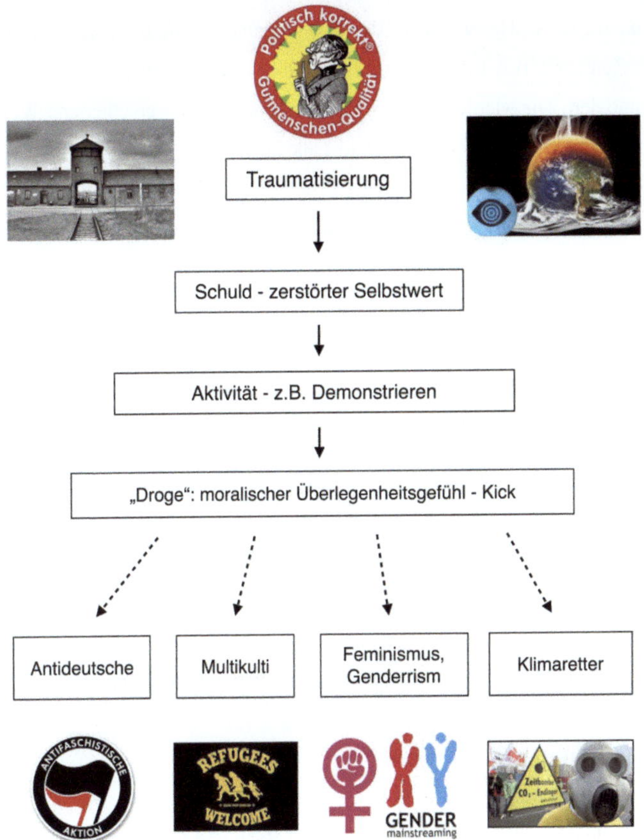

Erkrankungsgrund

Das Gutmenschentum ist eine über viele Kanäle künstlich herbeigeführte Krankheit. Diese Menschen wurden krank gemacht, indem ihr Selbstwert über lange Zeit zerstört wurde. Schlimmstenfalls wurden sie jahrelang traumatisiert. Die Medien verbreiten die Ideologien auf verschiedene Weisen, über Werbung, Zeitungen, Filme und Talkshows.

Die überrealen Standards und die krankmachenden Ideologien sind:

- Feminismus
- Gender Mainstreaming und die Lesbian/Gay/Bisexual/Transgender - Bewegung
- Deutscher Schuldkult (Alleinschuld an beiden Weltkriegen, Holocaust-Trauma)
- Multikulti-Hype und Willkommenskultur
- Klimawandel-Schuldkult (menschengemachter Klimawandel)

Ingesamt zeigen all diese Ideologien einen sehr kollektivistischen Charakter. Entweder wirst Du Teil des Kollektivs oder Du wirst ausgegrenzt.

Mobbingkultur

Berufsbeleidiger wie Dieter Bohlen, Stefan Raab und Heidi Klum formen einen öffentlichen Umgangston, der tyrannisch, abwertend und fies ist. Auch

TV-Serien, Filme und Popmusik fördern eine ruppige Kultur des Mobbing, die jungen Menschen vermittelt, dass man, wie es „Die Prinzen" sangen, „ein Schwein sein muss in dieser Welt", um etwas aus sich zu machen. So kann man z.B. die Antideutschen komplett als Opfer des Gutmenschentums verstehen. Auch die Antifa, die Linksjugend Solid, sowie die Politiker der Grünen scheinen zum großen Teil diesen schädlichen Ideologien anzuhängen.

Warum sind böse Gutmenschen so gefährlich? Böse Gutmenschen sind sehr einfach zu instrumentalisieren durch ihre Chefideologien. Ein Regime kann Menschen, die durch eine Ideologie psychisch krank gemacht wurden, sehr gut steuern und für seine Zwecke einsetzen.

Da ein Gutmensch von seinem Gefühlskick abhängig ist wie der Drogenjunkie von einem neuen Schuss, kann ein Regime seine Gutmenschen beliebig steuern, indem es ihnen immer wieder ihr geliebte Droge des moralischen Überlegenheits-Gefühls liefert, sobald sie eine Aufgabe erfüllt haben. Sie sind somit immer potentielle Saboteure und Verräter. Oft sind sie radikale, realitätsverweigernde Ideologen, die nicht mit sich diskutieren lassen. Gutmensch sind Teil des „Teile und Herrsche" Spiels der Elite, um uns - das Volk als Souverän - zu spalten.<<

Hagen Grell, Video „Die Waffe Gutmensch - Verräter im Namen der Liebe"
https://www.youtube.com/watch?v=m6J09_WVxqc

Medizinische Klassifizierung: Die naiv-aggressive Persönlichkeitsstörung

>>Bei den betroffenen Menschen handelt es sich um narzisstische Persönlichkeiten, die zur Ablenkung von ihrer Selbstwertproblematik, den zwanghaften Drang verspüren, von anderen anerkannt zu werden, indem sie vermeintlich "Gutes" tun und die "Welt verbessern" wollen. Um von den eigenen Problemen und dem Hass auf sich selbst und das unmittelbare Umfeld abzulenken, setzen sie ihren Fokus auf alles, was möglichst anders, fremd und weit weg ist (massive externale Fokussierung).

In der selbst gewählten Rolle des Weltverbesserers oder Missionars sind naiv-aggressiven Persönlichkeiten bestrebt, Respekt und Anerkennung für ihr Streben oder Wirken zu erhalten, um die eigene Leere aufzufüllen. Indem sich sich mit einer fixen überwertigen Idee für eine vermeintlich gute Sache einsetzen, fühlen sie sich selbst gut und erhalten somit das Gefühl, das in der Kindheit ggf. vermisst wurde.

Aufgrund ihrer künstlich erzeugten Erfolgserlebnisse können ihre fixen überwertigen Ideen nahezu wahnhaft entarten (Beispiel: Adolf Hitler). Andere Ansichten verstehen sie nicht und lassen sie nicht gelten. Auch fehlt ihnen oft jegliches Gefühl für Verhältnismäßigkeit. Andere Ansichten werden z.T. radikal bekämpft. Menschen mit einer naiv-aggressiven Persönlichkeitsstörung schaffen sich ihre eigenen Moralvorstellungen und vertreten diese vehement nach außen. Dabei besteht der Hang, die Lebensweise anderer Menschen (möglichst vollkommen) zu dominieren.

Details zum Persönlichkeits- / Störungs-Typus

Bei den betroffenen Menschen handelt es sich um Persönlichkeiten mit einer besonders naiven Einstellung im Hinblick auf ihre Umwelt und ihre eigenen Moral- und Wertvorstellung. Es besteht ein übertriebener Hang, bestimmte Probleme lösen oder die "Welt verbessern" zu wollen. Menschen mit einer naiv-aggressiven Persönlichkeitsstörung sehen sich selbst Weltverbesserer oder Missionare für eine vermeintlich gute Sache. Von ihrer fixen überwertigen Idee, die nahezu wahnhaft entarten kann, sind sie absolut überzeugt. Andere Ansichten verstehen sie nicht und lassen sie nicht gelten. Auch fehlt ihnen oft jegliches Gefühl für Verhältnismäßigkeit.

Dabei geht es häufig nicht um Probleme im eigenen Umfeld, sondern mehr um Probleme, die sehr allgemein oder weit entfernt liegen (z.B. Globaler Umweltschutz, Tierschutz in fernen Ländern, Hilfs-Engagement für ferne Länder oder Menschen aus anderen Nationen, Hilfe für bestimme Städte im Ausland usw.). Es geht aber weniger um Hilfe für das unmittelbare Umfeld (Familie, Freunde, Nachbarschaft) oder die eigene Person. Insofern handelt es sich um eine sehr einseitige Hilfe, der eine selektive Wahrnehmung zugrunde liegt, die zu Verzerrungen der Realität und weiteren Beobachtungs- und Beurteilungsfehlern führt.<<

Hintergrundwissen "Naive Persönlichkeit" / "Naiv-aggressive Persönlichkeitsstörung", Ohne Datum, Ohne Autor
https://www.imageberater-nrw.de/psychologie/hintergrundwissen

40

3   Im Kopf des Gutmenschen

Der Gutmensch fühlt sich aufgrund vermeintlich vorhandener „höherer
moralischer Werte" über andere Menschen erhaben. Gutmenschen halten
sich für die einzig anständigen Menschen. Alle anderen, die nicht genau so
denken wie sie selbst, sind ihre Feinde. Gutmenschen sind selbsternannte
Moralisierer und Sittenwächter, die genau darauf achten, die Regeln der
Political Correctness permanent einzuhalten und sie bei anderen zu
kontrollieren.

Die größte Angst des Gutmenschen ist es, von seinem Umfeld als nicht
konform zu der aktuell dominierenden, politischen Ausrichtung
wahrgenommen zu werden. Seine Lieblingsthemen sind „Gleichheit",
„Gerechtigkeit", „Offenheit" und „Toleranz". Andere Menschen, die nicht
komplett ihrem moralischen Ideal entsprechen, werden wutschnaubend und
reflexartig als unmenschlich, homophob, rassistisch, ausländerfeindlich,
rückwärtsgewandt oder Nazis diffamiert. Bei Demonstrationen „gegen

rechts" fallen diese links-grünen Protestlerer durch die Verwendung von Trillerpfeifen, hysterischem Geschrei und durch Konfetti-Würfen jedem Betrachter sofort ins Auge.

Charakteristisch für Gutmenschen ist die Betroffenheit. Sie sind ständig darauf bedacht, auf "der richtigen Seite" zu stehen. Sie wollen das gute Gewissen der Nation sein. Sie fühlen sich berufen, an die "Kollektivschuld der Deutschen" wegen der Nazi-Zeit zu erinnern. Damit „so etwas" in Deutschland nie wieder passiert. Sie leiden oft an Naziphobie und vermuten hinter jeder einwanderungskritischen Äusserung rechtsradikales Gedankengut.

Mit ihrer vorwurfsvoll moralischen Argumentation übergehen sie alle sachliche Einwände und legen ihr Hauptaugenmerk auf eine simple Einteilung der Welt in Gut und Böse, in schwarz und weiss. In dieser dualistischen Weltsicht sehen sie überall Opfer, denen unbedingt geholfen werden muss, und „rechte" Bösewichte, die natürlich – egal ob mit Argumenten oder unfairen Methoden - bekämpft werden müssen. Ohne diese Wut auf die „Rechten" fehlt vielen von ihnen quasi der Lebensinhalt.

Das durch Wunschdenken idealisierte und komplett realitätsferne Weltbild der Gutmenschen hat meist diese Bestandteile:

- Alle Menschen sind gleich, man träumt von einer weltoffenen Multikulti-Gesellschaft in der alle friedlich miteinander leben.
- Der Islam ist keine Gefahr.

42

- Das Deutsche Volk trägt ewige Schuld, weil es „ganz alleine" zwei Weltkriege angezettelt hat.
- „Wir Industrienationen im Westen" sind durch unseren Konsum und unsere CO_2-Enissionen verantwortlich für den Klimawandel und damit verantwortlich für die Flüchtlingsströme.
- Der Mensch ist Schuld am Klimawandel. Deutschland muss die Energiewende umsetzen und „mit gutem Beispiel vorangehen", die anderen Länder werden schon folgen.
- Alle Einwanderungskritiker, Konservativen, Patrioten und AfD-Wähler sind „rechts" oder „Nazis" und müssen bekämpft werden.
- Deutschland ist eine Demokratie und ein gut funktionierender Rechtsstaat.

Die erstaunlichste Fähigkeit des Gutmenschen ist es, offensichtliche Fakten zu relativieren. Tatsachen, die nicht in sein Weltbild passen, werden mit kindlicher Naivität, großer gedanklicher Akrobatik und bei vollständiger Abwesenheit von logischem Denken so hingebogen, bis es passt, nur damit das eigene Weltbild nicht ins Wanken gerät.

Es geht bei den Gutmenschen generell nicht um das Denken, sondern vielmehr ums Fühlen. Alles muss sich „gut anfühlen", das ist für sie wichtig. Informationen, die dafür sorgen könnten, sich schlecht zu fühlen, werden verdrängt oder bekämpft. Das Schlimmste, was einem Gutmenschen passieren kann ist, dass das rosarote Weltbild zusammenbricht, dann wird ihm mental der Boden unter den Füßen weggezogen und er fällt ins Nichts. Ein

Tobsuchtsanfall oder ein Nervenzusammenbruch in Verbindung mit einer ärztlichen Behandlung wären die unvermeidbaren Folgen.

Das sind die typischen „Gedanken" - oder besser gesagt - die durch Gefühle ausgelösten, biochemischen Reaktionen der meisten Gutmenschen-Hirne:

- Es war ein tragischer Einzelfall.

- Das hat nichts mit dem Islam zu tun.

- Es gibt auch deutsche Vergewaltiger! Es ist ein allgemeines Männerproblem.

- Die Herkunft des Täters spielt keine Rolle, ausserdem wären das nur Argumente für die Rechten und würde die Bevölkerung nur unnötig beunruhigen.

- Aber es gab doch auch die Kreuzzüge der Katholiken.

- Das heißt jetzt nicht mehr Mohrenkopf, weil dieses Wort eine tiefgehende Beleidigung von Minderheiten ist, das heißt jetzt Schokokuss.

- Im Koran stehen zwar brutale Verse, aber die Bibel ist auch voller Grausamkeiten.

- Es gibt auch radikale Christen!

- Deutschland ist ein reiches Land, wir können uns die Einwanderung leisten.

- Die EU sorgt dafür, das wir in Europa in Frieden leben.

- Der Euro kann gerettet werden.

* Putin ist ein Diktator.

* Putin ist eine Gefahr.

* Putin ist homophob.

* Trump ist unberechenbar.

* Trump ist eine Gefahr

* Trump ist homophob.

* Trump ist sexistisch.

* Trump ist rassistisch.

Kognitive Dissonanz

>>Ich mach mir die Welt widde widde wie sie mir gefällt. Der Mensch ist ein wahrer Experte und regelrechter Künstler darin, die Realität zu verdrehen, Fakten zu ignorieren und Wahrheiten zu verbiegen, bis diese ins eigene Weltbild passen und leichter zu verdauen sind. Bevor Sie sich nun davon freisprechen: Das ganze geschieht unterbewusst und in Sekundenbruchteilen. Ein Paradebeispiel ist die kognitive Dissonanz. Passen unterschiedliche Wahrnehmungen nicht zusammen, wird alles dafür getan, um diese wieder stimmig zu gestalten und die kognitive Dissonanz zu überwinden. Dieser Wunsch ist zutiefst menschlich, doch sollten Sie sich dessen bewusst sein, da er Ihr Verhalten beeinflusst.<<

Kognitive Dissonanz: Was ist das? Ohne Autor, ohne Datum

https://karrierebibel.de/kognitive-dissonanz/

Kognitive Dissonanz

Reaktion auf Informationen, die dem eigenen Weltbild widersprechen

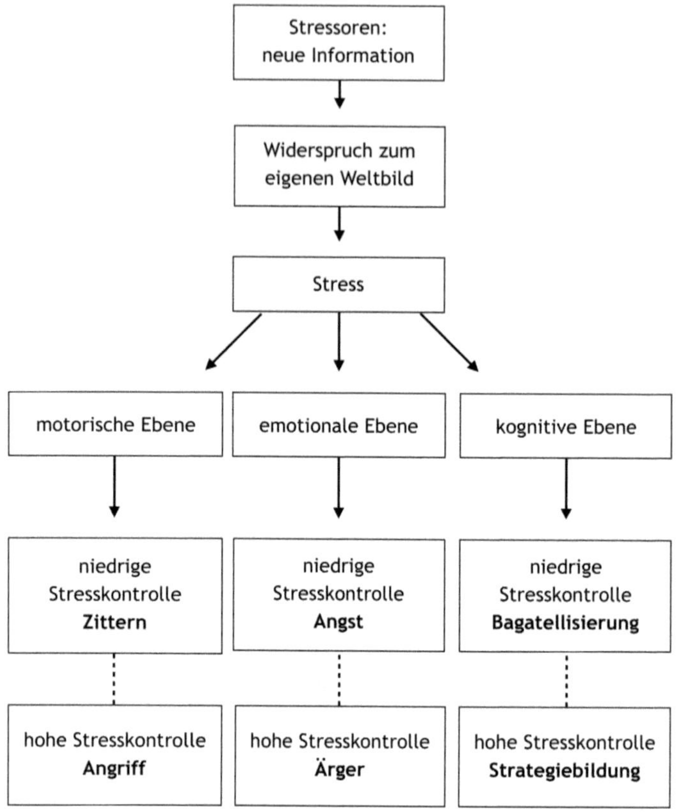

Treffen die Gutmenschen auf Ablehnung oder Kritik, reagieren sie meist empfindlich und gereizt. Ihr Verhalten ähnelt oft dem von quengelnden Kleinkindern. Gutmenschen sind extrem gefühlsgesteuert. Ihr einziger Maßstab, mit dem alles beurteilt wird, ist wie sich etwas *anfühlt*. In seiner Traumwelt fühlt sich der Wunschdenker wohl. Kommen Informationen ins Spiel, die geeignet sind, das eigene Weltbild zu stören, löst das Unbehagen aus, es kommt zu unterschiedlichen Reaktionen wie Wut, Aggressivität oder Flucht.

Lebenslange Tiefenindoktrination

Das Erschreckende an der gesellschaftlich dominanten linken Ideologie ist die krasse Diskrepanz zwischen ihren Dogmen und der sichtbaren Wirklichkeit, zum Beispiel, dass der (politische) Islam alles andere als eine Religion des Friedens ist oder dass die Integration in multiethnische Gesellschaften oft nicht funktioniert, weil sich Parallelgesellschaften bilden.

Das hat vor allem damit zu tun, dass die linke Ideologie nicht mit dem Wahr/Unwahr-, sondern mit dem Gut/Böse-Code operiert. Die Frage, ob einer der oben genannten Thesen wahr oder unwahr ist, wird gar nicht erst gestellt. Dass sie „böse" sind, wird jedem Menschen beigebracht, im Kindergarten, in der Schule, in der Universität, durch Zeitungen und das Fernsehen. Was passiert hier psychologisch? Das Über-Ich wurde seit frühester Jugend ideologisch so manipuliert, dass die Bejahung bestimmter Dogmen sich als moralische Norm im Unterbewusstsein festgesetzt hat.

Ertappt sich der Gutmensch bei einem Gedanken, ein Argument der „bösen Rechten" könnte stimmen, z.B. dass es sehr wohl einen Zusammenhang zwischen islamistischem Terror und der unkontrollierten Einwanderung seit 2015 geben, wird die Realität derart umgedeutet, bis sie wieder in das erlernte Weltbild passt. Er wird zum Beispiel lieber glauben, dass ein Terroranschlag, bei dem der Täter „Allahu Akbar" ruft, nichts mit dem Islam zu tun habe und sucht nach anderen Erklärungen.

Reaktionen auf die These: „Die Terroranschläge haben etwas mit dem radikalen Islam zu tun"

Angriff	„Wer das sagt, ist islamophob und rechtsradikal"
Ärger	„Wer das sagt, will den Terror instrumentalisieren, um gegen Flüchtlinge zu hetzen"
Bagatellisierung	„Extremismus gibt es in jeder Religion"
Strategiebildung	Alternative Täter-Erklärungen (Kriegstrauma, psychische Krankheit, Opfer von Diskriminierung).

Reaktionen auf die These: „Die Masseneinwanderung und die Abwanderung hochqualifizierter Deutscher führt langfristig zu einer Zurückdrängung der weißen, christlichen Bevölkerung, zum Verschwinden der Deutschen Kultur."

Angriff	„Wer das sagt, ist ein Nazi."
Ärger	„Wer das sagt, will gegen Ausländer hetzen"
Bagatellisierung	„Das ist nur eine Verschwörungstheorie."
Strategiebildung	„Multikulti kann auch eine Bereicherung sein."

4   Die Grenzöffnung 2015

Mit der einsamen Entscheidung zur Grenzöffnung und der unkontrollierten Masseneinwanderung hat Angela Merkel Deutschland für alle Zeiten verändert. Laut der offiziellen Darstellung musste Merkel im September 2015 angeblich spontan handeln, weil es eine „Notsituation" gab. Was war denn dieser angebliche Notstand? Die Wahrheit ist, die „Flüchtlinge" in Ungarn weigerten sich einfach, sich registrieren zu lassen.

Wie Merkel von den "Eliten" ein- und abgesetzt wurde

>>In der Nacht zum 05. September 2015 geschieht etwas, was Europa in die größte Zerreißprobe seiner Geschichte stürzt. Die sogenannte „Grenzöffnung". Danach ist erst einmal „Schweigen" angesagt. Nur der von Sigmund Gabriel stammende Satz „Wir schaffen das" ist die Botschaft der Kanzlerin. Dieser Satz wird von nun an zu ihrem Stigma.

Auffällig an dieser „spontanen" Entscheidung der Kanzlerin und den Begleiterscheinungen sind wenigstens zwei Fakten:

1. Etwa gegen 02:00 Uhr kommt am 05. September 2015 der erste Bus mit Migranten aus dem ungarischen Zsambek nahe Budapest an der österreichischen Grenze an. Die Insassen gehen zu Fuß über die Grenze und werden von Österreichern mit Applaus, Willkommens-Plakaten und Essen begrüßt. Woher, bitte, wussten diese Österreicher etwas, was angeblich der Kanzlerin unbekannt war. Wer hat – und das muss ja vorher (!!!) geschehen sein, die Welcomer mit Transparenten, Plakaten und Lunch-Paketen ausstaffiert und wer hat ihnen gesagt, dass sie 02:00 Uhr an der Grenze (bitte, welcher Übergang??) stehen sollen?! So geht das fort bis zu den Endpunkten der Bus- und Zugreisen der über die Grenze Kommenden. Überall das gleiche Bild: „spontane" Menschenmengen mit gedruckten Plakaten, mit Spielsachen und Nahrungsmitteln. Irgendwie wussten die alle Bescheid und irgendwie und durch irgendwen ist das alles organisiert und bezahlt worden. Tagelang!! Vorher!!

2. Am 08. Oktober 2015 kommt Merkel mit dem denkwürdigen Satz an die Öffentlichkeit, „Ich habe einen Plan". Der wird als „Merkel-Plan" in die Geschichte eingehen. Tatsache ist, dass vier Tage zuvor, am 04. Oktober 2015, die Europäische Stabilitäts-Initiative (ESI) einen nahezu wörtlich identischen Plan bei der EU eingereicht hat. Und bereits am 26. September 2015 hatte George Soros ein „Memorandum zur Flüchtlingspolitik

52

der EU"mit einem 6-Punkte-Programm vorgelegt, das ebenfalls in Inhalt und Wortlaut nahezu identisch mit dem „Merkel-Plan" ist.

Das ihr abgerungene gigantische „Freiluftexperiment", die EU mit Millionen unkontrollierter Flüchtlinge, Asylanten und Wirtschaftsmigranten zu Fluten, war ihr letzter großer Auftrag. Faktisch unter Realbedingungen konnten die Mechanismen, Strukturen, Reaktionen und offenkundigen Defizite dessen vorweg genommen werden, was im Dezember 2018 in Marrakesch beschlossen werden soll: Dauer- und Massenmigration als Menschenrecht und Normzustand. Und im Sinne der Auftraggeber hat sie die Aufgabe auch weitgehend erfolgreich gelöst.

Der Preis, den sie persönlich dafür zahlen muss, ist sehr hoch für Angela Merkel: Zum letzten mal muss sie sich die „Narrenkappe" der „eisernen Kanzlerin" in Europa aufsetzen und alle Häme, allen Zorn, Hohn und Spott ihrer Kritiker und Gegner auf sich nehmen.<<

Wie Merkel von den "Eliten" ein- und abgesetzt wurde, aikos2309, 7. Dezember 2018,
https://www.pravda-tv.com/2018/12/wie-merkel-von-den-eliten-ein-und-abgesetzt-wurde/

Heute wissen wir, dass es anders war, als es die regierungs-freundlichen Medien wie ARD, ZDF, die Zeit, die Welt, der Stern oder der Spiegel berichteten. Angela Merkel hat entgegen jede demokratische Regel, ohne jede

Rücksprache mit den Regierungsparteien, dem Parlament, dem Bundesrat, dem Bundespräsidenten eine einsame Entscheidung getroffen, die bis heute nicht revidiert wurde. Ein Vorgang, der in der Geschichte der BRD einmalig ist.

Merkelgate: Wie Angela Merkel Deutschland flutete

Durch das neue Buch des Welt-Journalisten Robin Alexander „Die Getriebenen" kommen neue Erkenntnisse über Merkel und die Flüchtlingskrise ans Licht. Was dort zu lesen ist, ist politischer Sprengstoff. Die dort beschriebenen Fakten beweisen, dass Merkel schon im Frühjahr 2015 über das Ausmaß des Ansturmes über die Balkanroute informiert war, dass sie mit ihren Entscheidungen im Sommer diesen Trend ganz wesentlich verstärkt, wenn nicht herbeigeführt hat, dass sie die Grenzen nicht nur geöffnet, sondern anschließend auch aktiv sowohl darauf hingearbeitet hat, die Balkanroute solange wie möglich offen zu lassen als auch darauf, durch das Türkeiabkommen und Familiennachzug die muslimische Masseneinwanderung zum Dauerzustand zu machen.

Merkel war über die Lage auf dem Balken im Frühjahr 2015 informiert. Bereits im Frühjahr 2015 wurden das Kanzleramt und der Innenminister vom Chef der Bundespolizei Dieter Romann über den bald einsetzenden Massenansturm auf die deutsche Grenze umfassend informiert. Alle Informationen über die Balkanroute kursierten auf einer DVD, die Bilder von Bundespolizisten zeigen, die zur Amtshilfe in Serbien eingesetzt waren. Auch

54

die Schlussfolgerungen waren damals schon klar. Romanns Botschaft: Es sind zu viele Flüchtlinge. Sie werden gezielt zu uns geschickt. Wir müssen sie an der Grenze abweisen.

Bereits im Juli war in Regierungskreisen die Einrichtung von „Sicherheitsringen" im Gespräch. Ebenso die „konsequente und umfassende Abschiebung ausreisepflichtiger Ausländer", die „Beschränkung des Familiennachzugs", „außereuropäische Auffanglager", „Effektive Zugangskontrollen an der Schengen-Außengrenze zu den Balkanstaaten." Alle Migranten, die über das Mittelmeer kommen, sollten in auf Inseln gelegene „Hotspots" verbracht werden. In dem Geheimpapier aus dem Sommer 2015 heißt es außerdem: „Wir müssen schnell kommunizieren, dass der Zuzug begrenzt ist – und dies auch sichtbar unter Beweis stellen." Alle Vorschläge zur Grenzsicherung lagen also auf dem Tisch, doch Merkel tat nichts.

Merkels „Einladung" erfolgte nicht erst im September, sondern schon im August 2015. Im Gegenteil: Merkels Intimus Peter Altmaier hatte in ihrem Auftrag einen Kompromiss mit den Grünen ausgehandelt, der die Lawine ins Rutschen brachte. Unbemerkt von der breiten Öffentlichkeit hatten sich CDU/CSU, SPD und Grüne auf ein Gesetz zum erweiterten Familiennachzug geeinigt. Das sah vor, dass sogar Asylbewerber, die nicht als Flüchtlinge anerkannt wurden, sondern nur behelfsmäßig Schutz bekommen sollten, ihre Familien nach Deutschland holen durften. Das Gesetz trat am 1. August in Kraft, obwohl die Lage zu diesem Zeitpunkt bereits bekannt war. Robin Alexander schreibt: „Mit dem Versprechen von freier Wohnungswahl, Arbeit und Gesundheitsversorgung für Flüchtlings kam der schwarz-rot-grüne Asylkompromiss einer Einladung an die Menschen in den Flüchtlingslagern des Nahen Ostens gleich."

Merkel bricht am 4. September die EU-Verträge und öffnet die Grenze. Als sich die Migranten aus Ungarn auf den Marsch begaben, ließ die ungarische Regierung anfragen, wie sie sich verhalten sollte. Statt Ungarn aufzufordern, seine Vertragsverpflichtungen zu erfüllen, holte Merkel diese über Österreich direkt nach Deutschland. Robin Alexander schreibt völlig richtig: „Die Flüchtlinge hätten nach den EU-Regeln nicht nach Deutschland kommen dürfen, sondern in Ungarn bleiben müssen. Für sie öffnet Merkel die Grenze sehr wohl. Im nächsten halben Jahr wird knapp eine Million Menschen nach Deutschland strömen." Es gab dafür weder einen Kabinettsbeschluss, noch einen Beschluss des Bundestages.

Die rechtsstaatliche Ordnung ist außer Kraft gesetzt

Am 14. Februar 2017 traf das Oberlandesgericht in Koblenz eine Entscheidung im Fall eines mittlerweile 19 Jahre alten Gambiers, der 2016 illegal nach Deutschland eingereist war. Nur einer von vielen solcher Fälle könnte man meinen. Doch ein Detail macht den Fall besonders interessant. In der Urteilsbegründung heißt es nämlich:

„Zwar hat sich der Betroffene durch seine unerlaubte Einreise in die Bundesrepublik nach §§ 95 Abs. 1 Nr. 3, 14 Abs. 1 Nr. 1, 2 AufenthG strafbar gemacht. […] Die rechtsstaatliche Ordnung in der Bundesrepublik ist in diesem Bereich jedoch seit rund eineinhalb Jahren außer Kraft gesetzt und die illegale Einreise ins Bundesgebiet wird momentan de facto nicht mehr strafrechtlich verfolgt.“

Die neue Völkerwanderung

>>Im Januar 2015 prophezeite Barbara Coudenhove-Kalergi die "neue Völkerwanderung" und sagte damit punktgenau voraus, was wenige Monate später eintraf. Ihr Onkel, Richard Nikolaus, gilt als Gründervater der EU und wollte bereits vor 100 Jahren Europas Gesicht für immer verändern. Graf Richard Nikolaus Coudenhove-Kalergi war der Gründer der Paneuropa-Union und wird als der Vordenker und Wegbereiter der „Europäischen Union“ angesehen. Sein Programm sah eine nie dagewesene Einwanderung nach Europa vor, um Europa lenkbar zu machen.

1925 schrieb er in seinem Buch „Praktischer Idealismus“: „Der Mensch der fernen Zukunft wird Mischling sein. Die heutigen Rassen und Kasten werden der zunehmenden Überwindung von Raum, Zeit und Vorurteil zum Opfer fallen. Die eurasisch-negroide Zukunftsrasse, äusserlich der altägyptischen ähnlich, wird die Vielfalt der Völker durch eine Vielfalt der Persönlichkeiten ersetzen.“

Im selben Buch freute sich Coudenhove-Kalergi über die Charaktereigenschaften der Mischlinge, da diese vielfach mit gewissen

Eigenschaften behaftet wären, welche sie für die Zwecke des künftigen Europas besonders qualifizierten: „Charakterlosigkeit, Hemmungslosigkeit, Willensschwäche, Unbeständigkeit, Pietätlosigkeit und Treulosigkeit".

Coudenhove-Kalergi konnte seine damals völlig abwegigen Ideen nur mit Hilfe einflussreicher Freunde in den USA ins Rollen bringen. In seinen Lebenserinnerungen „Ein Leben für Europa" schildert er: „Anfang 1924 erhielten wir einen Anruf von Baron Louis Rothschild: Einer seiner Freunde, Max Warburg aus Hamburg, hatte mein Buch gelesen und wollte uns kennenlernen. Zu meinem grossen Erstaunen bot mir Warburg spontan sechzigtausend Goldmark an, zur Ankurbelung der Bewegung während der drei ersten Jahre."

Medien und Staatsmänner unterstützten ihn. Durch seine Kontakte zur Hochfinanz konnte er bald Medien und Staatsmänner zu seinen Verbündeten zählen. Die New York Times oder der Herald Tribune flankierten seine Ideen, Politiker wie Churchill oder Truman unterstützen ihn.

Unverhohlen gesteht Coudenhove-Kalergi, dass damals die europäischen Parlamente „gezwungen" wurden, Paneuropa zu errichten. „Unter dem dreifachen Druck der europäischen Parlamente, der Vereinigten Staaten von Amerika und der öffentlichen Weltmeinung entschlossen sich noch im selben Jahr die Regierungen zum Handeln." (Paneuropa 1922 bis 1966, Seite 79) (...)

Coudenhove-Kalergi starb 1972 – sein Andenken wird aufrecht erhalten und seine Nichte, Barbara Coudenhove-Kalergi, meldete sich bereits Anfang des Jahres prophetisch zu Wort: Der Bevölkerungsaustausch in Europa sei „unumkehrbar", wie sie am 07. Januar 2015 im „Standard" festhielt. Und: „Europa bekommt ein neues Gesicht, ob es den Alteingesessenen passt oder nicht. Wir leben in einer Ära der Völkerwanderung. Sie hat eben erst begonnen, und sie wird mit Sicherheit noch lange nicht zu Ende sein." Wenige Monate später begann der Flüchtlings-Ansturm in Ungarn und Griechenland.<<

Die neue Völkerwanderung, Epoch Times, 15. August 2017, https://www.epochtimes.de/politik/welt/die-neue-voelkerwanderung-prophetie-oder-insiderwissen-a2190425.html

Paneuropa und die eurasisch-negroide Zukunftsrasse

Offen und politisch wurde die Abschaffung der europäischen Völkervielfalt zuerst in den frühen zwanziger Jahren angedacht, von Graf Nikolaus Coudenhove-Kalergi, dem Gründer der Paneuropa-Bewegung, die als früheste Keimzelle der Europäischen Union gilt.

Bundeskanzlerin Angela Merkel wurde 2010 mit dem Europapreis der "Coudenhove-Kalergi Stiftung" für treue Dienste ausgezeichnet. Sie hat mit der dauerhaften Grenzöffnung 2015 ganz im Sinne der Völkervermischung der Globalisierungsfanatiker gehandelt.

Angela Merkel ist nur eine der vielen Politik-Marionetten, so wie Obama, May und Macron, die von den Hintergrundmächten ins Amt gebracht wurden und kontrolliert werden.

Sie alle sind Narzissten, Psychopathen, Getriebene, die für den eigenen Machterhalt und das Stehen im Rampenlicht zu allem bereit sind, die gewissenlos alles das politisch umsetzen, was die Hintergrundmächte, die ihren den Job verschafft haben, von ihnen fordern.

Angela Merkel ist das Schicksal des Deutschen Volkes völlig egal. Wie sonst wollen Sie, liebe Leser, diese Aussagen von ihr sonst einordnen?

„Ist mir egal, ob ich schuld am Zustrom der Flüchtlinge bin, nun sind sie halt da." **Merkel** *2015 in einer Bundestagsfraktionssitzung als Antwort auf die Kritik an der Grenzöffnung*

„Wir müssen akzeptieren, dass die Zahl der Straftaten bei jugendlichen Migranten besonders hoch ist" **Merkel** *in einer Videobotschaft, 18.06.2011*

„Es ist Aufgabe der Politik, das Bedrohungsgefühl in der Bevölkerung zu stärken." **Merkel,** *03.02.2003, im Präsidium der CDU*

Merkel will nur eines: Im Rampenlicht stehen und die Macht spüren, die sie (vermeintlich) hat, ein Gefühl, dass sie für ihr Seele unbedingt braucht.

Das Horoskop

>>Wie man sieht haben hier Uranus und Neptun ein Quadrat, sie stehen im Spannungsaspekt, das haben viele der damals Geborenen, denn die beiden bewegen sich langsam, so daß ihre Paarungen länger virulent sind als die von Schnellläufern. (..)

Erstens betont Neptun hier die Fähigkeit des Geborenen zum Lügen, wollte man nett sein so könnte man diese hier deutlich angezeigte Tatsache verbrämen indem man etwa sagt „der Geborene hat Talent zum Schauspiel". Das Feld des öffentlichen Wirkens, das Berufsfeld, das öffentliche Wirken, hat hier sehr stark mit aktivem Tricksen und Täuschen zu tun.

Die eigene Karriere wird mit einer Entschiedenheit verfolgt (Saturn in zehn), die über Leichen geht, solange es die Leichen anderer sind.<<

Vom ‚AAA' wurde uns das Horoskop der Merkel zugespielt, nebst Kommentaren des AAA, am 7. Oktober 2015, von Holger Roehligin https://astrologieklassisch.wordpress.com/2015/10/07/von-einem-gewissen-aaa-wurde-uns-das-horoskop-der-merkel-zugespielt-nebst-einigen-boesen-kommentaren/

5   Die Klimakatastrophe

Der Klimawandel durch CO2 ist eine Erfindung, eine dreiste Lüge. Ein Zeitaufwand von nur ein bis zwei Stunden würde völlig ausreichen, um dies zu erkennen, wenn man sich abseits der Leitmedien ergebnisoffen im Internet informieren würde. Aber auf diese Idee scheint die breite Masse der Bevölkerung leider nicht zu kommen, sie glauben den vertrauten Medien. Was alle sagen und schreiben, wird schon richtig sein.

Das Geheimnis der Propaganda liegt in der Allgegenwärtigkeit, der kompletten Durchdringung des Alltags, hier veranschaulicht am Beispiel von Schülern und Studenten:

- Morgens steht es in der Zeitung / auf dem Smartphone
- In der Schule / Uni sagt es der Lehrer / der Professor
- Abends kommt es im Fernsehen

Hier zunächst eine kompakte Übersicht der wichtigsten Fakten, die gegen die Theorie des menschengemachten Klimawandels sprechen:

Klimagate - im Jahr 2009 wurden von WikiLeaks e-mails veröffentlicht, aus denen man entnehmen konnte, wie einige prominente Wissenschaftler Daten manipuliert haben, so dass sie zum Modell des menschengemachten Klimawandels passen.

Global Warming - nach der offiziellen Klimawandel-Theorie ist die Durchschnittstemperatur seit 1850, dem Beginn der Industrialisierung, immer weiter angestiegen. Seltsamerweise ist die Temperatur aber ausgerechnet im Zeitraum von 1940 bis 1975, der Epoche des „Wirtschaftswunders", nach offiziellen Daten kontinuierlich nach unten gegangen. Wie soll das mit der offiziellen Logik erklärt werden?

Die Verdrehung von Ursache und Wirkung – Der CO_2-Anstieg ist die Folge des Temperaturanstiegs. Die Ozeane speichern etwa 80% des CO_2, bis zu einer Tiefe von 4.500 Metern. Steigt die Temperatur auf der Erde, löst sich das CO_2 dann wieder und steigt in die Atmosphäre auf. Die Daten und Computermodelle wurden einfach so lange manipuliert, bis Ursache und Wirkung vertauscht waren und die gewünschten Ergebnisse herauskamen.

Die UN-Klimaerklärung - In einem offenen Brief haben sich 500 internationale Wissenschaftler und Fachleute aus dem Bereich Klima und verwandten Bereichen vor dem Hintergrund des UN-Klimagipfels 2019 in

New York und dem Hype um das schwedische Mädchen Greta an den UNO Generalsekretär Guterres und an die Leiterin des UN-Klimasekretariates Cantellano in Bonn gewendet. In ihrer „Europäischen Klimaerklärung" wenden sie sich gegen die sinnlose Verschwendung von Billionen Dollar auf der Grundlage unwissenschaftlicher Annahmen und unreifer Klimamodelle.

Unter anderem heisst es in dem Brief: „CO2 ist kein Schadstoff. Es ist wesentlich für alles Leben auf der Erde. Die Photosynthese ist ein Segen. Mehr CO2 schont die Natur und die Erde: Zusätzliches CO2 in der Luft hat das Wachstum der globalen Pflanzenbiomasse gefördert. Es ist auch gut für die Landwirtschaft und erhöht die Ernteerträge weltweit." Und: „Es gibt keinen Klimanotfall. Daher gibt es keinen Grund für Panik und Alarm. Wir lehnen die für CO2 vorgeschlagene schädliche und unrealistische 2050-Null-Strategie nachdrücklich ab."

Die 97% - Lüge - Die oft zu lesende Zahl von 97 Prozent Übereinstimmung beruht auf einer Metastudie von John Cook aus dem Jahr 2013 und erweckt den Eindruck, die Mehrheit der Klimaforscher seien vom menschengemachten Klimawandel überzeugt. Tatsächlich aber wurden Studien, welche die Ursache offen ließen, einfach herausgerechnet. Das bedeutet, es geht nur um 97 Prozent jener Studien in Wissenschafts-Magazinen, die überhaupt eine These zu Ursachen des Klimawandels aufstellten. Gemessen an der Gesamtheit der untersuchten Studien reduziert sich so die Zahl von 97 Prozent auf nur 32,6 Prozent. Aber auch diese Zahl umfasst alle Studien, die überhaupt einen Beitrag des Menschen zur Erderwärmung für möglich halten, sei er auch noch so klein und im Ergebnis kaum relevant. Tatsächlich hat eine spätere Überprüfung von Cooks Metastudie festgestellt, dass nur 41 bzw. 0,3 Prozent der von diesem untersuchten Studien zu der Ansicht kamen, dass der grösste Anteil der Erderwärmung seit 1950 anthropogen, also menschengemacht sei.

Das Gerichtsurteil - Ein kanadisches Gericht hat 2019 gegen Michael Mann entschieden, der die legendäre "Hockeyschläger"-Klimakurve erstellt hat. Mann konnte oder wollte dem Richter keine wissenschaftlichen Belege für seine Theorie vorweisen. Er unterlag daher in einem jahrelangen Rechtsstreit gegen Tim Ball, Professor für Klimatologie an der Universität von Winnipeg und Autor zahlreicher Bücher über Klimawissenschaften. Mann weigerte sich beharrlich, dem Gericht seine Rohdaten und Rechenformeln vorzulegen, denn dann wäre die Manipulation ans Licht gekommen.

Michael Mann ist „Mister Hockey-Stick", der mit seiner berühmten Hockeyschläger-Kurve 1998 die Grundlage für die Klima-Panik legte. Er dramatisierte die Temperaturentwicklung der jüngsten Zeit, indem er die Verlaufskurve am Ende durch Manipulation der Daten willkürlich steil nach oben gehen liess. Weltbekannt wurde sie durch Al Gore, der sie in jedem seiner Vorträge einbaute und auch im Film „Eine unbequeme Wahrheit" zeigte.

Allein mit diesen drei Seiten Fakten wissen Sie nun mehr als 20 Teilnehmer einer Klimademo. Mit diesen wenigen Fakten würden Sie jeden Grünen-Politiker bei einer Diskussion alt aussehen lassen.

Jetzt wissen Sie den Grund, warum es seit 2010 im gesamten Deutschen Fernsehen keine Diskussionen mehr darüber gibt, ob der Klimawandel menschengemacht ist oder nicht. Es wäre eine einfache Sache die Klimalüge zu entlarven, wenn es eine offene und ehrliche Diskussion geben würde. Genau deshalb gibt es solche Sendungen nicht mehr. Es werden im deutschen TV gerne „Experten" präsentiert, die natürlich die „richtige" Meinung vertreten. Dass es unabhängige und finanziell vom Staat abhängige Experten gibt, darüber wird natürlich auch nicht berichtet.

Das Geschäftsmodel Klimawandel: Geld aus Luft

Die Agenda „menschengemachter Klimawandel" ist die genialste und diabolische Erfindung seit der Gründung des Zentralbankensystems. Sie erschafft genau wie dieses Geld aus dem Nichts. Man erfindet einfach CO2-Zertifikate, die dann gehandelt werden wie Aktien, nur mit dem Unterschied, dass keine realen Werte dahinterstehen. „CO2-Sünder" können die Zertifikate kaufen, um sich reinzuwaschen und so Strafzahlungen zu vermeiden. Die Zertifikate sind quasi die Neuauflage der Ablassbriefe der katholischen Kirche.

Um ein globales Betrugssystem wie den „menschengemachten Klimawandel durch CO2" dauerhaft zu etablieren, sorgt man idealerweise dafür, dass möglichst viele Personen und systemrelevante Institutionen Vorteile daraus ziehen. Ist ein System erstmal etabliert und die Gelder fließen, lässt sich das Rad nicht mehr zurückdrehen. Wes Brot ich ess, des Lied ich sing.

Das Konstrukt „Klimaschutz durch CO2-Reduzierung" ist deshalb so raffiniert angelegt, dass die folgenden Marktteilnehmer davon dauerhaft wirtschaftlich profitieren. Sie werden daher aus eigenem Interesse die Theorie gegen Kritiker verteidigen, auch wenn sie selbst den Schwindel als solchen erkannt haben. .

- Banken und Spekulanten – Handel mit CO2-Zertifikaten
- Wissenschaftliche Institute – Fördermittel vom Bund und der EU
- Hersteller von Windkraftanlagen und Photovoltaik - Mehrumsatz
- Investoren von Windparks und Solaranlagen – staatlich garantierte Einnahmen
- Grundbesitzer und Landwirte – Pacht für Standflächen von Windkraftanlagen
- Politiker - Wählerstimmen
- Umweltschutzorganisationen – Mitgliedsbeiträge und Spenden
- Regierungen – CO2-Steuer (Frankreich, Schweden, Dänemark)

Die Konstruktion der CO2 - Lüge

Man nehme drei Teile und kombiniere sie geschickt:

- Ein Element Wahrheit = Tatsache: das Klima verändert sich (was es immer getan hat)
- Eine neugeordnete Halbwahrheit = Suggestion: menschengemachter Klimawandel
- Eine fette Lüge = Super-Suggestion: CO2 ist ein gefährliches Treibhausgas

Dann füge man noch Schuldgefühle hinzu und bietet Pseudo-Lösungen an: erneuerbare Energien, Elektroautos, CO2-Steuer, CO2-Zertifikatehandel

Fridays for Future – Greta rettet die Welt

Im Frühjahr 2019 erreichte die globale Klimapanik-Gehirnwäsche ihren vorläufigen Höhepunkt. Die 16-jährige Greta Thunberg aus Schweden führt eine Bewegung von Jugendlichen an, die sich für den weltweiten Klimaschutz einsetzen.

Durch die Mainstream-Medien und die regierenden Politiker werden diese Aktionen überwiegend positiv dargestellt. Bis Anfang Dezember 2018 hatten um die 20.000 Schulschwänzer in etwa 270 Städten weltweit für das Klima „gestreikt".

Der Erfolg der Proteste lässt sich mit der Kombination dieser zwei Faktoren erklären. Erstens: als Grundlage wurde den Jugendlichen durch permanente Gehirnwäsche in der Schule und durch die Medien eingeredet, dass der Mensch für den Klimawandel verantwortlich sei. Hier wird jungen Menschen Angst gemacht und gleichzeitig werden sie dahingehend dressiert, ein schlechtes Gewissen (nach dem Muster des deutschen Schuldkults) zu entwickeln. So sind sie schon einmal mental darauf eingestellt, zukünftige Einschränkungen und Strafen wie Fahrverbote, Tempolimits, eine Luftverkehrsabgabe und eine Co2-Steuer zu akzeptieren.

Zweitens: die Proteste sind mit einem Schulstreik verknüpft, was die ganze Sache natürlich attraktiver macht. Ein raffinierter Schachzug, denn der Freitag ist meist der kürzeste Schultag der Woche, das Wochenende steht bevor und vormittags haben alle Schüler Zeit. Wie gross bzw. klein wäre die Beteiligung wohl, wenn die Demos an Samstagen oder Sonntagen stattfinden würden?

Es drängen sich Fragen auf, die in der gesteuerten „Qualitätspresse" nicht gestellt werden. Kann es wirklich sein, dass eine 16-jährige Schülerin, die zudem noch am Asperger-Syndrom leidet, aus eigener Motivation für die Rettung der Erde auf die Straße geht? Eine Geschichte wie aus dem Märchenbuch. Aber Gutmenschen lieben solche Geschichten.

Es stellt sich die Frage, wer dieses Bewegung finanziert. Das Personal, dass hinter FFF steht, muss schließlich bezahlt werden. Menschen, die die Pressearbeit machen, Flyer drucken, Webseiten betreiben, Genehmigungen

beantragen. Dazu kommen die recht hohen Kosten für die Reisen und
Unterkünfte des Greta Thunberg–Teams.

Fridays for Volksverdummung

>>Die Idee mit dem Schulstreik kam auch nicht von ungefähr, es war
keineswegs ein „Geistesblitz" des unbekannten Aktivisten, von dem Thunberg
es aufgeschnappt haben soll. Tatsächlich geht die Geschichte ein wenig anders
und ist schon ein paar Jahre älter:

> *„Auf dem Global Youth Summit im Mai 2015 haben wir uns
> die Idee eines globalen Schulstreiks für Klimaschutz
> ausgedacht. Wir haben gesehen, wie unsere Politiker seit
> Jahren ihre Hausaufgaben nicht machen. Sie versprachen,
> einen gefährlichen Klimawandel zu vermeiden, aber sie
> haben es nie geschafft. Nach einigen Treffen mit
> Teilnehmern aus fünf Kontinenten wurde klar, dass ein
> globaler Schulstreik transformative Kraft haben würde,
> indem er Tausende - oder sogar Millionen - in ein
> befähigendes globales Netzwerk einbrachte und gleichzeitig
> lokal agierte. "*

Diese erhellende Erklärung finden wir auf der Internetseite climatestrike.net, deren Macher am Globalen Jugend-Gipfel 2015 mitwirkten. Dort also, vor über drei Jahren, wurde die Idee des „Fridays for Future" ausgeheckt oder sagen wir lieber: weiterentwickelt.

Die tatsächlichen Drahtzieher sind keine Jugendlichen, sondern ganz sicher Erwachsene aus zweifelhaften globalistischen Netzwerken. Denn das Global Youth Summit wird von der Plant-for-the-Planet Foundation organisiert und dahinter verbergen sich globalistische Denkfabriken wie der Rockefeller-Verein „Club of Rome" und die „German Marshall Plan Foundation".

Beide globalistischen Organisationen werden in Deutschland an führender Stelle von Frithjof Finkbeiner repräsentiert, der auch verantwortlich für die Plant-for-the-Planet Foundation zeichnet. Finkbeiner ist Mitbegründer des German Marshall Plan und Vizepräsident des Club of Rome in Deutschland.

Beides sind berüchtigte Think Tanks unter dem Einfluss US-amerikanischer Machteliten. Der Club of Rome verbreitet in Rockefellers Auftrag seit Ende der 1960er Jahre die grüne Ideologie, betreibt substanzlose Angstmache vor angeblicher Ressourcenknappheit und propagiert einen globalen Genozid an der angeblich zu großen Weltbevölkerung.

Finkbeiner lieferte auch die Blaupause für aktuelle „Polit-Ikonen" wie Greta Thunberg: Sein Sohn Felix war 2009 gerade erst 12 Jahre alt, als er unter dem Einfluss seines Vaters „zum Symbol einer neuen Generation" des

Klimaschutzes gemacht wurde, wie der Stern damals unter dem Tenor „Klein Finkbeiner rettet die Welt" berichtete. Parallelen in der Entwicklung des jungen Felix und der jungen Greta sind unverkennbar.<<

Fridays for Volksverdummung: Wie der Club of Rome die Schülerstreiks erfand und über jugendliche Ikonen wie Greta Thunberg steuert, 1. März 2019 -wie-der.html

Papa Thunberg verdient kräftig mit

Gretas Vater, Svante Fritz Vilhelm Thunberg, ist Schauspieler und Drehbuchautor. Er kooperiert mit der Stiftung „Antimakedonische". Deren eingetragener Zweck ist die Verbreitung des „Wissens zum Klimawandel" und dessen Konsequenzen, ihr gehört aber auch das Unternehmen WeDontHaveTime AB. Das macht sein Geschäft mit PR für das Pariser Klima-Abkommen und höchstwahrscheinlich auch mit dem lukrativen Handel mit CO2-Zertifikaten.

Zudem ist Svante Thunberg Geschäftsführer sowohl bei Ernman Produktion AB wie auch bei Northern Grace AB, beide sind aktiennotierte Gesellschaften in Schweden. Die Aktien beider Unternehmen haben seit dem Beginn von Gretas Aktionen einen enormen Kursanstieg hingelegt.

Ausserdem hat Mutter Malena Ernman ein Buch mit dem Titel „Szenen aus dem Herzen. Unser Leben für das Klima" über Greta und ihr Engagement geschrieben, welches sich in Schweden eines sehr großen Absatzes erfreut. Wie groß wäre wohl der Erfolgg dieses Buches, wenn die Demonstrationen nicht durch die Medien und die Politiker gepusht würden?

Greta Thunberg - Ikone der Klimareligiösen

>>Greta verdient Mitleid. Sie strahlt nicht jene Fröhlichkeit aus, die für eine glückliche Kindheit steht, sondern wirkt getrieben, fremdgesteuert. Kein Wunder, ist sie doch, vorsichtig gesprochen, von einem Profi im PR-Geschäft auf ihre Auftritte „vorbereitet" worden.<<

Greta Thunberg - Ikone der Klimareligiösen und Opfer ihrer Eltern, Dr. Sebastian Sigle, Mo, 28. Januar 2019

https://www.tichyseinblick.de/daili-es-sentials/greta-thunberg-ikone-der-klimareligioesen-und-opfer-ihrer-eltern/

76

6   Teilen und Herrschen

Das Prinzip „Teilen und Herrschen" bedeutet, ein Volk in Untergruppen zu spalten, damit es leichter zu kontrollieren ist. Es ist ein Werkzeug einer „Soft Power Diktatur". Im Gegensatz zu einer offensichtlichen Diktatur, wie etwa der DDR, funktioniert diese nicht mit der Anwendung von physischer Gewalt, sondern mit systemkonformen Leitmedien, gefälschten Statistiken, weisungsgebundenen Richter, Lügen, Propaganda und politischer Korrektheit.

An der Spitze der BRD ist es die angepasste Funktionselite (Politiker, Gewerkschaftsführer, Rundfunkintendanten, Talkmaster, Verleger, etc.) die das uralte Prinzip zur Aufrechterhaltung der Macht geradezu perfektioniert hat. Sie hat gelernt, unter den Bedingungen der rasanten Entwicklung im Kommunikations- und Medienbereich, des veränderten Bildungsniveaus des Volkes, dessen Spaltung voranzutreiben. Es geht um die Polarisierung der Bevölkerung. Mit Hilfe des öffentlich-rechtlichen Rundfunks und den transatlantisch durchgeformten Leitmedien werden neue Begriffe und Kategorien in Umlauf gebracht mit dem Ziel, daß sich jeder einer Gruppe oder Bewegungen zugehörig fühlt und so darin bestärkt wird, daß seine Meinung konform mit der Gesellschaft und die richtige ist. Die Spaltung der Gesellschaft in immer kleinere Gruppen ist das Ziel.

Eine weitere Maßnahme ist die gezielte Ausgrenzung von Teilen der Bevölkerung. Dazu werden eigens Propaganda-Begriffe erfunden, um bestimme Gruppen mit regierungskritischen Meinungen zu stigmatisieren und zu diffamieren.

Beispiele für die Diffamierung der Systemkritiker:

- EU-kritisch - „Europa-kritisch"
- Die Sorgen des Volkes beachten - „Populismus"
- Mensch, der die Souveränität der BRD in Frage stellt - „Reichsbürger"
- Asylkritiker - „Fremdenfeinde" (die offizielle dpa- Sprachregelung aus 2015 für Journalisten)
- Kritiker des Schuldgeldsystems - „Antisemit"
- Mensch, der eine Lüge des herrschenden Systems durchschaut hat - „Verschwörungstheoretiker"
- konservativ - „rechts"
- Patriot - „Nazi"

Anders herum geht es natürlich auch. Beispiele für Verdrehung und Euphemismus:

- Bankenrettung - „Eurorettung"
- GEZ-Zwangsabgabe - „Rundfunkgebühr"
- Einwanderer - „Flüchtlinge" oder „Geflüchtete"
- Selbstaufgabe - „Willkommenskultur"
- Zensurgesetz - „Netzdurchsetzungs-Gesetz"
- Islamisierung - „Begegnung der Kulturen"

Chemnitz - der Messermord

Am 28.8.2018 wurde Daniel Hillig, ein Deutsch-Kubaner aus Chemnitz-Grimma um drei Uhr morgens nach einem Streit mit drei Asylbewerbern erstochen. Zwei Freunde von ihm kamen mit lebensgefährlichen Messerstichverletzungen auf die Intensivstation und rangen stundenlang mit dem Tod.

Daraufhin entschloss sich die Bürgermeisterin Barbara Ludwig, SPD, das Stadtfest um 16.00 Uhr vorzeitig zu beenden. Weil sich ca. 2500 Menschen nun in der Innenstadt aufhielten und sich die Nachricht vom Mord wie ein Lauffeuer ausbreitete, kam es zu einer spontanen Demonstration. Die Menschen riefen: „Das ist unsere Stadt" und „Wir sind das Volk".

Mit verschiedenen Mitteln versuchten die Regierung und die Leitmedien, die Demonstration zu skandalisieren, um vom eigentlichen Skandal, dem brutalen Mord, abzulenken und die öffentliche Meinung zu kontrollieren. Es wurden dabei alle Register gezogen, um die Sachsen zu stigmatisieren und die Gesellschaft weiter zu spalten.

Bundeskanzlerin Merkel und ihr Sprecher Seibert sprachen auf der Bundespressekonferenz von „Hetzjagden" gegen Minderheiten. Beweise dafür wurden nicht vorgelegt. Es gab zu diesem Zeitpunkt nur ein verwackeltes Handyvideo, dass von der linksextremem „Antifa Zeckenbiss" ins Internet gestellt worden war. Es zeigt, wie ein einheimisch Aussehender einem ausländisch Aussehenden zehn Meter hinterherläuft und anschreit, dann zurückgeht. Sowas passiert hierzulande jeden Tag tausendfach und ist kein Beweis für irgendetwas.

Sowohl der Ministerpräsident als auch die Staatsanwaltschaft von Sachsen bestätigten in Pressemitteilungen, dass es keine Hetzjagden gegeben hat. Trotzdem beharrte Merkel stur auf ihrer Aussage, weil es zur Strategie gehörte.

In den Systemmedien wurden Demo-Teilnehmer präsentiert, die den Hitlergruß zeigten. Wer diese Personen waren, wurde nicht untersucht. Nur in den unabhängigen Medien des Internet wurde berichtet, dass es V-Männer gewesen sein könnten. Diese dürfen sich nach einer Gesetzesänderung 2015 „szenetypisch" verhalten und den Hitlergruß straffrei zeigen.

>>*Bundestag beschließt Reform. V-Leute dürfen sich "szenetypisch" verhalten. Als Konsequenz aus den NSU-Ermittlungspannen beschließt der Bundestag eine Reform des Verfassungsschutzes. Zum ersten Mal werden konkrete Regeln für den Einsatz von V-Leuten festgelegt: Die dürfen zwar den Hitlergruß zeigen, aber nicht gewalttätig werden.*<< 03. Juli 2015, **www.n-tv.de**/politik/V-Leute-duerfen-sich-szenetypisch-verhalten-article15437251.html*

Ebenfalls wurde nur in den unabhängigen Medien gemeldet, dass es Twitter-Meldungen von linken Personen gegeben hatte, die dazu aufriefen, sich unter die Demonstranten zu mischen und den Hitlergruß zu zeigen, um - Zitat - „den Nazis in die Suppe zu kacken".

Der regierungskonforme *Spiegel* heizte die Stimmung weiter an und titelte in der Ausgabe vom 1.9.2018: „Sachsen - Wenn Rechte nach der Macht greifen". Ein ganzes Bundesland wurde hier diskriminiert und in die rechte Ecke gestellt.

Um die Berichterstattung zu dominieren (Framing) und vom eigentlichen Problem, der Gewalt durch Migranten, abzulenken, wurde in kürzester Zeit ein Gratis-Konzert unter dem Motto #WIRSINDMEHR angekündigt und durchgeführt. Ein kleines Wunder, was man in nur sechs Werktagen organisieren kann. Alles war kostenlos, der Eintritt frei. Flixbus spendierte die Busfahrten, Coca-Cola Getränke und ben and jerry's Eiscreme.

Das Motto lautete: „gegen Hass und Hetze" und natürlich „gegen rechts". Fast alle Bands, die aufgetreten sind, lassen sich dem linken oder antideutschen Spektrum zuordnen. Auch die Hip-Hopper K.I.Z. traten auf und sangen hasserfüllt gegen den Hass an.

> *„Eva Herman sieht mich, denkt sich: ‚Was‘n Deutscher!‘/Und ich gebe ihr von hinten wie ein Staffelläufer/Ich fick sie grün und blau, wie mein kunterbuntes Haus/Nich alles was man oben reinsteckt, kommt unten wieder raus. "* **K.I.Z.**, *Textauszug aus dem Song „Ein Affe und ein Pferd"*

Seit den Vorfällen in Chemnitz sollte jedem selbstdenkenden und kritischem Bürger klar sein, dass die Regierung und die eingebetteten Medien an einer Befriedung der Gesellschaft kein Interesse haben, sondern das alte Teile und Herrsche-Spiel betreiben, um etwas länger an der Macht zu bleiben und die Menschen in verfeindete Gruppen zu spalten: Links gegen Rechts, Migranten gegen Deutsche, Moslems gegen Christen, Antifa gegen AfD, Polizei gegen Demonstranten.

Die Wut der Bürger wird somit effektiv umgelenkt, ohne dass diese bemerken, wie sie manipuliert werden. Statt dass diese sich etwa zusammenschließen, um gegen die Politikerkaste zu revoltieren, bekämpfen sie sich gegenseitig. Die Herrscher sehen genüsslich dabei zu und lachen sich kaputt. In extremen Situationen (ein mehrtägiger Stromausfall, eine Weltwirtschaftskrise, der Zerfall des Sozialstaates) kann es dann zu Verteilungskämpfen, am Ende sogar zum Bürgerkrieg kommen.

Vorsicht - Bürgerkrieg

Als General Michael Hayden, damals noch Chef der CIA, im April 2008 in einer Rede an der Kansas State University hielt, gab er eine Vorschau in die Zukunft. Die Washington Post berichtete darüber am 1. Mai 2008, doch es interessierte hierzulande nicht wirklich jemanden.

> *„Die soziale Integration von Immigranten wird eine große Herausforderung an viele der Gastgebernationen stellen – was wiederum das Potenzial für Unruhen und Extremismus enorm erhöht" sagte Hayden. Weiter sieht Hayden in einer Studie des CIA über Globalisierung, Migration und Bürgerkriege, dass „um das Jahr 2020 herum" viele europäische Ballungszentren unregierbar werden."*
> **Michael Hayden**

7   Political Correctness

Political Correctness ist die Anpassung des öffentlichen Sprachgebrauchs an die politische Ausrichtung der aktuellen Regierungslinie, indem sie den Meinungskorridor des Erlaubten festlegt, einengt und kontrolliert. Wer sich an diese Regeln hält, zeigt damit der Aussenwelt, dass er die "politisch korrekte" Einstellung hat und präsentiert sich somit zugleich als vorgeblich moralische Instanz.

Nach dem Start der unkontrollierten Masseneinwanderung und den Diffamierungsversuchen gegen deren Kritiker begriffen immer mehr Deutsche, dass sie in einer Medien-Diktatur leben. Im Gegensatz zu einer offensichtlichen Diktatur - wie dem dritten Reich oder der DDR - die für jeden Bürger klar erkennbar war, handelt es sich bei der BRD um eine Soft-Power-Diktatur, die nicht mit Mauern und Maschinenpistolen operiert, sondern die Einwohner mittels stromlinienförmiger System-Medien und Parteien in einen geistigen Meinungs-Korridor einsperrt. Dieser ist von einem virtuellen Elektrozaun umgeben, der Political Correctness. Wer an diesen Zaun fasst, erhält einen mehr oder weniger starken Schlag, der den Betroffenen wieder zu den anderen Schafen auf die Wiese der Regierungstreue zurückführen soll. Wer den Zaun trotzdem überspringt, trifft auf linke, selbsternannte „Blockwarte" in den systemkonformen Medien, die sofort Alarm schlagen. Es folgen dann oft Repressalien für den Betroffenen von der öffentlich-medialen Diffamierung bis hin zum Berufsverbot. Die Liste der Andersdenkenden, die in Deutschland trotz der offiziell existierenden Meinungsfreiheit Ihren Job, bzw. ihre Aufträge wegen unerwünschten Äußerungen verloren haben, ist sehr lang. Man könnte ein ganzes Buch darüber schreiben.

Hier drei Beispiele:

Eva Hermann

>>Weil Eva Hermann eine Meinung über Familien und Kindererziehung vertritt, welche dem Mainstream entgegenläuft - Betreuung von Kleinkinder durch ihre Mütter statt Abschieben in Kinderhorte - wurde sie von feministischen Kreisen (...), unterstützt durch verantwortungslose, Schlagzeilen-gierige Journalisten medial hingerichtet, indem ihr verleumderisch unterstellt wurde, die Familienpolitik der Nazis gelobt zu haben. Es scheint die Agitatoren nicht gestört zu haben, dass sie sich dabei selber nazihaft benommen haben. Die öffentliche verbale Hinrichtung von Eva Herman in einer Talk-Sendung hatte frappante Ähnlichkeiten mit dem

historischen Schauprozess gegen die Hitler-Attentäter vor einem "Volksgerichtshof" unter Vorsitz des berüchtigten Nazi-Richters Freisler: Dem Angeklagten nicht zuhören und ihm das Wort abschneiden. (...)

Eva Hermann war - so stellte sich heraus - eigens in diese Talk-Sendung von Johannes B. Kerner eingeladen worden, um sie endgültig öffentlich fertig zu machen. Sie allein gegen eine Runde von Inquisitoren. Als der Runde die Argumente ausgingen gegen die überzeugenden Stellungnahmen von Eva Hermann, sagte eine der Hyänen aus der Runde zu Moderator Johannes B. Kerner, er solle jetzt endlich das tun, was vor der Sendung abgemacht worden sei. Worauf Kerner Eva Hermann aus der laufenden Sendung verabschiedete, weil sie sich nicht reuig zeige. Für den Rest der Sendungen konnten die Verschwörer dann ungestört über ihr Opfer herfallen, das sich nicht mehr wehren konnte. (...)

Nachträglich erhielt Eva Hermann vor Gericht Recht, die weitere Verbreitung der Verleumdungen wurde gerichtlich verboten. (...) Dass sie vor Gericht Recht erhielt, half Eva Hermann allerdings nichts mehr. Die Medien schwiegen diese Gerichtsurteile praktisch tot, anstatt Eva Hermann zu rehabilitieren. Sie war bereits fertig gemacht, zur Unperson erklärt, das politische Ziel erreicht. Der NDR, wo sie viele Jahre lang beliebte Moderatorin war, nahm die fristlose Kündigung nicht zurück. Fertig - fertiggemacht - Ziel erreicht.

von Rober Hug, www.vgt.ch/news/111231_eva_hermann.htm

Claudia Zimmermann

>>25 Jahre lang war Claudia Zimmermann Journalistin beim WDR. Doch dann beendete eine Aussage im niederländischen Radio ihre Karriere: Es war im Januar 2016, kurz nach der Kölner Silvesternacht 2015/16. Damals gab Zimmermann dem niederländischen Radio-Sender „L1 Limburg" ein Interview zum Thema „Ist sexuelle Gewalt in der islamischen Kultur verwurzelt? Wie alarmierend ist die Situation in Deutschland?". Darin wurde sie auch zur Berichterstattung der großen Medien in der Flüchtlingskrise befragt.

Wie der „Tagesspiegel" berichtete, antwortete Zimmermann wie folgt auf eine Frage des Moderators, ob der WDR positiv über Flüchtlinge berichten müsse:

> *„ Wir sind natürlich angewiesen, pro Regierung zu berichten." **Claudia Zimmermann**, WDR-Studio Aachen*

Seit 25 Jahren sei sie beim WDR. Von zehn gemachten Themenvorschlägen hätte der Sender acht gekauft. Doch nach jener unüberlegten, aber ehrlichen Äußerung war alles anders. Immer noch machte sie viele Themenvorschläge, doch kein einziger wurde eingekauft. „Das hat dann dazu geführt, dass ich einen Burnout bekommen habe", so Zimmermann.

Von Steffen Munter, 1. August 2017

http://www.epochtimes.de/politik/deutschland/staats-tv-co-meine-journalistische-karriere-in-deutschland-ist-zu-ende-wdr-journalistin-fuer-wahrheit-bestraft-a2179759.html

Akif Pirincci

>>Der Erfolgsautor Akif Pirinçci sah sich in Deutschland mit einer Vernichtungskampagne konfrontiert. Dies ging sogar soweit, dass die Bücher des Islamkritikers aus den Buchhandlungen genommen wurden. Der Auslöser für das harte Vorgehen gegen Pirinçci war seine Rede bei der Pegida-Veranstaltung in Dresden.

Pirinçci wendete sich mit seiner Ansprache an den Kasseler Regierungspräsident Walter Lübcke, der den deutschen Bürgern erklärte, wem die Flüchtlingspolitik des Landes nicht passe, der habe die Freiheit, Deutschland zu verlassen. Diese Aussage griff Pirinçci auf und meinte: "Offenkundig scheint man bei der Macht die Angst und den Respekt vor dem eigenen Volk so restlos abgelegt zu haben, dass man ihm schulterzuckend die Ausreise empfehlen kann, wenn er gefälligst nicht pariert. Es gäbe natürlich auch andere Alternativen. Aber die KZs sind ja leider derzeit außer Betrieb," berichtet die Webseite Metropolico.

Nach dieser Rede begann die Negativberichterstattung, welche soweit ging,

dass sie sogar die Existenz des Autor bedrohte. Auch deutsche
Buchhandlungen machten mit und zogen seine Bücher aus dem Verkehr.

Pirinçcis Gegenschlag zur Lügenkampagne: ZDF unterschreibt
Unterlassungserklärung, Epoch Times, 2. November 2015
(so)https://www.epochtimes.de/politik/deutschland/pirinccis-gegenschlag-zur-
luegenkampagne-zdf-unterschreibt-unterlassungserklaerung-a1281047.html

Die Political correctness wurde erfunden, um den Bereich der freien
Meinungsfreiheit in den Medien und in der Öffentlichkeit zu kontrollieren.
Dass dies tatsächlich funktioniert, zeigt eine Umfrage aus dem Herbst 2019:
„In Deutschland darf man nichts Schlechtes über Ausländer sagen, ohne
gleich als Rassist beschimpft zu werden" - dieser Aussage stimmten in der
aktuellen Shell-Jugendstudie 68 Prozent der 2572 Kinder, Jugendlichen und
jungen Erwachsenen zwischen 12 und 25 Jahren zu.

Für das Internet wurde eigens ein entsprechendes Kontrollinstrument erdacht
und 2018 in Gesetze gegossen.

Das NetzDG

>>Am 1. Januar 2018 trat in der BRD das Netzwerkdurch-setzungsgesetz
(NetzDG) vollständig in Kraft. Es soll dem Kampf gegen „Hass und Hetze"
bei Facebook und Co. dienen. Offenkundig strafbare Inhalte sollen innerhalb
von 24 Stunden, rechtswidrige in sieben Tagen gelöscht werden. Bei

Zuwiderhandlung drohen den sozialen Medien drastische Geldstrafen bis 50 Millionen Euro. (...)

Justizminister Maas hat den gravierendsten Anschlag auf die Meinungsfreiheit verübt, den die Bundesrepublik seit Konrad Adenauers vor dem Verfassungsgericht gescheiterten Versuch, ein Staatsfernsehen zu implementieren, erlebt hat. Sein NetzDG ist nicht nur völkerrechts-, und verfassungswidrig, es ist auch komplett überflüssig.

Der Beleg? Im April 2017 verurteilte das Amtsgericht Berlin-Tiergarten einen 57jährigen Arbeitslosen wegen öffentlicher Aufforderung zu Straftaten und Beleidigung zu Lasten von Bundestagsvizepräsidentin Claudia Roth auf Facebook zu einer Geldstrafe von 4800 Euro. Ganz ohne NetzDG.

Maas' Gesetz verlagert die Prüfung von Äußerungen weg von den Gerichten, hin zu den Löschkasernen der sozialen Medien. Künftig befinden nicht mehr Richter über die Grenzen der Meinungsfreiheit, sondern in Schnellkursen zur digitalen Exekution von „Hass und Hetze" dressierte Mindestlohnakteure. Ein demokratischer Staat gibt die Kontrolle seiner Institutionen über ein fundamentales Grundrecht auf.

„Zensurmaßnahmen dürften nicht an private Rechtsträger delegiert werden", schrieb der Sonderbeauftragte der UN für die Meinungsfreiheit, David Kaye, im Sommer 2017 an die Bundesregierung. Zum Adressatenkreis derartiger Anschreiben gehörten westliche Demokratien bisher nicht. Kaye stellte auch

Verstöße gegen den Internationalen Pakt über bürgerliche und politische Rechte (UNO-Pakt II) fest, den auch die Bundesrepublik ratifiziert hat. Das NetzDG verstößt also auch gegen Völkerrecht. Doch in den Medien wurde diese Demütigung für Maas weitestgehend ignoriert.

Genau wie die Einschätzung des Wissenschaftliche Dienstes des deutschen Bundestages und einer schier endlosen Phalanx namhafter Juristen, wonach das Gesetz ein verfassungswidriger Eingriff in die von der Verfassung in Art. 5 GG garantierte Meinungsfreiheit sei. Durchgewunken hat der Bundestag es trotzdem.<<

Heiko Maas' Anschlag auf die Meinungsfreiheit, Joachim Nikolaus Steinhöfel, 25.01.2018
https://www.theeuropean.de/joachim-nikolaus-steinhoefel/13404-neues-zensurgesetz-ist-verfassungswidrig

8   Verblödung, Programmierung und Bewusstseinskontrolle

Fällt es Ihnen auch auf? Die Gesellschaft allgemein, besonders die Jugend, scheint immer mehr zu verblöden. Schauen Sie sich die Ergebnisse der PISA-Studien an. Lesen Sie die Kommentare unter YouTube-Videos oder Beiträge in den Blogs im Internet. Jeder dritte Eintrag strotzt vor Rechtschreibfehlern. Hören Sie an der Bushaltestelle mal hin, wie die Jugend heute redet. Einen vollständigen Satz zu formulieren, scheint offenbar „uncool" zu sein. Anglizismen dürfen natürlich auch nicht fehlen.

„Nice, jetzt gibts auch Kleinwagen mit swag" Kommentar zum neuen Audi A1 auf gmx.de, 2019

Allgemein ist eine Verblödung, Verrohung und Extremisierung in der Gesellschaft zu beobachten.

Die Zahl der psychischen Erkrankungen (ADHS, Depressionen, Burnout, etc.) und Süchte (Internetsucht, Computerspielsucht, Smartphonesucht) in der westlichen Welt nimmt stetig zu.

Linksextreme, selbsternannte „Klima-Aktivisten" stecken SUVs und Luxuslimousinen in Brand und bekennen sich dazu im Internet. Singende, tanzende und hüpfende Anhänger der Extinction Rebellion Bewegung feierten im Oktober 2019 in Berlin ausgelassen auf den blockierten Straßen dem Weltuntergang entgegen, den sie kommen sehen, wenn die Regierungen nicht bald drastische Maßnahmen gegen den „menschengemachten Klimawandel" unternehmen.

Laut Berichten von Wissenschaftlern und Psychologen soll der Grund für die allgemeine Verdummung hauptsächlich an der modernen Gesellschaft liegen, die keinen Überlebenskampf mit Intelligenz mehr nötig macht.

In einer These sagt der Human - Genetiker Professor Hugo Mendaci folgendes aus: "In der Vergangenheit, wenn man dumm war, ist man gestorben. Das ging sehr schnell. Der Grund war, irgendetwas würde einen wegen der eigenen Dummheit töten. Entweder wilde Tiere oder der feindliche Nachbarstamm. Nur intelligente Menschen haben überlegt wie man sich verteidigt und lange genug überlebt, um sich fortzupflanzen, statt von einem

Säbelzahntiger gefressen oder bei den Kannibalen im Kochtopf zu landen. In der modernen Gesellschaft gibt es aber überall dumme Menschen, sie sind die Mehrheit, und sie können trotz ihrer Dummheit überleben und sich massenweise vermehren."

Das sind konkrete Ursachen für die Verblödung der Menschen:

- Unser Bildungssystem
- Die Verbreitung digitaler Medien
- Manipulation durch Medien
- Vergiftung der Lebensmittel
- Impfen
- Kulturmarxismus

1. Unser Bildungssystem

>>Michael Winterhoff zeichnet in seinem Buch „Deutschland verdummt" ein düsteres Bild des Bildungssystems. Dessen Umkremplung vor 20 Jahren habe dazu geführt, dass jungen Menschen heute wesentliche soziale Kompetenzen fehlten. Einige 18-Jährige hätten die psychische Reife eines Kleinkindes.

"Deutschland verdummt" ist der Titel des aktuellen Buches des Kinderpsychiaters Michael Winterhoff. Darin vertritt er die These, dass ein fehlgeleitetes Bildungssystem in Deutschland die Kinder von heute zu

Narzissten und Egozentrikern macht und damit die Zukunft der Gesellschaft aufs Spiel setzt.

Im Gespräch mit dem *Focus* erklärte Winterhoff, dass die Entwicklung der psychischen Leistungen in Kitas und Schulen heute keine Rolle mehr spiele. Es mangele den heutigen Schulabgängern an den sogenannten Soft Skills, am Sinn für Pünktlichkeit, an der Fähigkeit, Strukturen und Arbeitsabläufe zu erkennen. Vielen fehlten elementare Kenntnisse in Deutsch und Mathematik.

An oberster Stelle stehe bei Kindern und Jugendlichen das Mobiltelefon. Der Mangel an sozialen Fähigkeiten und die weit verbreitete Selbstüberschätzung führen zu steigenden Abbruchquoten bei Berufsausbildungen und zu einem immer häufigeren Scheitern von Studienabsolventen im Beruf.

Die Ursache dieser Fehlentwicklungen sieht der Kinderpsychiater in einer falschen Bildungspolitik. Vor etwa 20 Jahren seien das Bildungssystem umgebaut und das autonome Lernen durchgesetzt worden. Als treibende Kraft für diesen Umbau benennt er die OECD und "Ideologen", die die Politiker dazu brachten, entsprechende Reformen an Lehrern und Eltern vorbei durchzusetzen.

Damit fehlten den Kindern Bezugspersonen, an denen sie sich orientieren und ihre emotionale und soziale Intelligenz entwickeln können. Im Zuge des autonomen Lernens soll sich das Kindergartenkind selbst aussuchen, in welchem Raum es sich aufhält und was es macht; Schüler sollten sich möglichst viel selbst beibringen. Auf ihre Wirksamkeit seien diese Ansätze nie untersucht worden.

Winterhoff betont, dass Kinder Bezugspersonen brauchen. Soziale Fähigkeiten und Arbeitshaltung könnten sich nur durch Einüben entwickeln. Unterricht müsse personenbezogen sein. Weniger wichtig sei die Form des Unterrichts.

Die Gesellschaft gerate in Folge der falschen Bildung der Kinder in eine "katastrophale Schieflage", wenn wir "nicht gegensteuern":

„Unsere Kinder wachsen zu Narzissten und Egozentrikern heran, die nicht auf Andere achten, sich nur um sich selbst drehen und lustorientiert in den Tag leben. Wertschätzung ist ihnen kein Begriff mehr. In einem Sozialstaat müssen die Menschen aber füreinander da sein. Doch Menschen, die sich wie kleine Kinder aufführen, nicht fähig sind zu arbeiten, die sprengen dieses System“.

Winterhoff kritisiert auch einen komplett falschen Umgang mit der Digitalisierung. Smartphones und ähnliche Geräte hätten nichts in den Händen von unter Zehnjährigen zu suchen, weil sie auch deren psychische Entwicklung behinderten. Die permanente Lustbefriedigung des Internets ("Ich wische, also passiert etwas.") schicke die Kinder in eine Parallelwelt. Die Beschäftigung mit dieser Technik müsse an weiterführenden Schulen einen Platz haben, vorher brauchten die Kinder "digitalfreie Oasen". Auch die

Erwachsenen litten heute unter ständiger Anspannung infolge der digitalen Reizüberflutung. Dabei sollten Eltern als Bezugspersonen für ihre Kinder in sich ruhen.

Als Ausweg aus der von ihm diagnostizierten Bildungskatastrophe empfiehlt Winterhoff zum einen die Abschaffung des autonomen Lernens, zum anderen die Schaffung von deutlich kleineren Gruppen in Kindergärten und Schulen. Lehrer müssten die Möglichkeit bekommen, wieder Lehrer sein zu dürfen.

Der Psychiater betonte, dass Kinder nicht abgeschrieben werden dürften; verpasste psychische Entwicklungen könnten bis zum 25. Lebensjahr nachgeholt werden.<<

RT deutsch, „Deutschland verdummt", 14.10.2019
https://deutsch.rt.com/gesellschaft/93383-deutschland-verdummt-psychiater-halt-heutige/

2. Digitale Medien

Digitale Medien sind heutzutage fester Bestandteil in unserem Alltag geworden. Schätzungsweise sind rund zwei Millionen Menschen in Deutschland psychisch abhängig von Computer, Internet oder Handy. Die Zahlen steigen stetig an. Man kann junge Menschen immer wieder dabei beobachten, wie sie sogar beim Essen permanent und ohne jede Pause WhatsApp-Nachrichten in das Smartphone tippen. Das Nutzten von digitalen

Medien hat nicht nur Einfluss auf unser Gehirn, es hat auch Auswirkung auf unser Sozialverhalten, unseren Körper und unsere Emotionen.

Wikipedia, Google, Online-Übersetze und Navigationsgeräte sind aus unserem Alltag nicht mehr wegzudenken. Sie liefern uns schnell Informationen, wir kommen schneller ans Ziel und sind dadurch vermeintlich produktiver. Das aktiviert das Belohnungssystem in unserem Gehirn und wir können davon kaum genug kriegen..

Die Aufnahme von Inhalten, die wir als nützlich oder einfach unterhaltsam betrachten, Facebook, WhatsApp und Twitter bieten das Gefühl, im sozialen Kontakt zur Aussenwelt zu stehen. Fallen diese Dienste einmal aus oder haben wir das Smartphone nicht dabei, haben wir das Gefühl etwas zu verpassen, wir bekommen sozusagen Entzugserscheinungen. Das Internet, digitale Medien und soziale Netzwerke haben dazu beigetragen, dass immer mehr Menschen sich wie digitale Junkies verhalten.

Digitale Demenz droht

„Muss die Bildung digitaler werden, wie man allerorten hört? Studien zeigen verheerende Auswirkungen des digitalen Medienkonsums auf Gehirn und Gesundheit und werfen ein neues Licht auf den derzeitigen Bildungstrend. Vor einigen Jahren bemerkte man im hochmodernen Industriestaat Südkorea bei jungen Erwachsenen immer häufiger Gedächtnis-, Aufmerksamkeits- und Konzentrationsstörungen sowie emotionale Verflachung und allgemeine

Abstumpfung. Die Diagnose von Ärzten lautete damals offiziell: digitale Demenz. So nannten sie das Krankheitsbild, das in Folge von intensiver Nutzung moderner Informationstechnik auftrat – in der Medizin werden mit Demenz ganz allgemein Krankheiten bezeichnet, die mit der Abnahme höherer geistiger Leistungen verbunden sind.

Nähere Untersuchungen, die weltweit zu dem Thema durchgeführt wurden, stellten jedoch noch weitere erschreckende Folgen digitaler Medien fest: Kurzsichtigkeit, Angst, Depression, Aufmerksamkeitsstörungen, Schlafstörungen, Bewegungsmangel, Übergewicht, Haltungsschäden, Diabetes, Bluthochdruck, Sucht (Internetsucht, Computerspielsucht, Smartphonesucht, Facebooksucht). Zudem vermindern digitale Medien die Lebenszufriedenheit sowie das Mitgefühl und die Fähigkeit zum Einnehmen der Sichtweise eines anderen."

Manfred Spitzer warnt: Digitale Demenz droht, Sonnenseite, 25.12.2018
https://www.sonnenseite.com/de/zukunft/manfred-spitzer-warnt-digitale-demenz-droht.html

3. Manipulation durch Medien

Vor über 40 Jahren begann unter der Führung von Dr. Jose Delgado, Direktor für Neuropsychiatrie an der Yale-Universität, das globale Bevölkerungs-Manipulationsprogramm.

Zwei vielsagende Zitate von Dr. José Delgado vor dem US-Kongress:

1. >>We need a program of psychosurgery and political control of our society. The purpose is physical control of the mind. Everyone who deviates from the given norm can be surgically mutilated.<<
Wir brauchen ein psychochirurgisches Programm, mit dem man unsere Gesellschaft politisch kontrollieren kann. Der Zweck ist die physikalische Kontrolle des Geistes. Jeder, der von der vorgegebenen Norm abweicht, kann chirurgisch verstümmelt/verschandelt/verstört werden.

2. >>Man does not have the right to develop his own mind. [...] We must electrically control the brain. Some day armies and generals will be controlled by electric stimulation of the brain.<<
Die Menschheit hat nicht das Recht, ihr eigenes Bewusstsein zu entwickeln. [...] Wir müssen das Gehirn elektronisch kontrollieren. Eines Tages werden Armeen und Generäle durch elektronische Stimulation des Gehirns kontrolliert sein.
(Congressional Record, No. 262E, Vol. 118, 1974)

>>Dieses Programm läuft und wir können es nicht aufhalten! Wenn sie verstanden haben, dass man sie nicht informiert sondern manipuliert, dann verstehen Sie auch die „Neue Weltordnung".

Das Problem des manipulierten Bewusstseins, des festen Glaubens frei zu sein, obwohl man in Wahrheit sowohl im Geiste als auch im Handeln durch und durch ein Sklave ist, ist tief auf diesem Planeten und in der Menschheit verwurzelt. (…)

Auf diesem Planeten gibt es zahlreiche Formen der Bewusstseinskontrolle. Einige davon sind subtil und heimtückisch; andere dagegen grob offensiv. Alle aber sind wirkungsvoll – umso mehr, sofern ihre Zielobjekte sich nicht bewusst sind, dass sie zu Opfern gemacht und kontrolliert werden.

Auch die Technik der Bewusstseinskontrolle hat vielerlei Gesichter; sie geschieht zum Beispiel elektronisch, akustisch, chemisch, pharmazeutisch, gesellschaftlich, politisch, religiös, durch Bildung, Massenwerbung, Hypnose und Neurolinguistik.

Die sogenannte herrschende Elite bedient sich all dieser Formen der Bewusstseinskontrolle, um die Menschen weltweit auf gesellschaftlicher Ebene zu kontrollieren und in der gewünschten Bahn zu halten. Ich kann gleich mehrere bezeichnende Bücher, Websites, Patente und Rechercheure anführen, um Ihnen eine Vorstellung von den unglaublichen Dimensionen des Bewusstseinskontrollprogramms auf diesem Planeten zu geben.

Jeder Mensch verfügt über verborgene Kräfte

Dem menschlichen Geist wohnt eine verborgene Kraft* inne, und denjenigen, die diesen Planeten gern mit eiserner Hand beherrschen würden, wäre es lieber, dass die Erdbevölkerung nicht erkennt, welch dunkle Machtspiele um die Kontrolle des Planeten gespielt werden. Daher haben sie eine ganze Bandbreite an Techniken zur Bewusstseinskontrolle in dieses Spiel eingebracht und sie nahtlos in jeden Aspekt unseres Lebens eingefügt.

(* z.B. heilende Kräfte, Pyrokinese, Telekinese, Telepathie)

Ich möchte Ihnen lediglich vor Augen halten, welches enorme Ausmass das Netzwerk der Bewusstseinskontrolle hat, in dem wir uns verfangen haben. Um diesem Netz zu entkommen, müssen Sie es jedoch erst einmal sehen! Warum nicht gleich jetzt damit beginnen?<<

Die Konditionierung des Alltags

>>Zu den vielen dunklen Programmen der CIA während der Nachkriegsära zählt auch die Bewusstseinskontrolle. In der zweiten Hälfte des 20. Jahrhunderts führte die CIA in eben diesem Bereich unter der Hand das hochgeheime Programm MK ULTRA durch.

Im Jahr 1975 initiierte US-Senator Frank Church die heute berüchtigten Anhörungen durch sein "Church Committee", um das illegale und verfassungswidrige Handeln von CIA und FBI zu untersuchen, darunter Morde, Staatsstreiche, exzessive Bürgerrechtsverstöße, geheime Forschungen im Bereich der Bewusstseinskontrolle und der umfassende Einsatz von

Falsch- und Desinformationen im Rahmen der COINTELPRO-Operationen [COnter INTELligence PROgram].

Bei den COINTELPRO-Operationen handelt es sich um Gegenspionage-Kampagnen, die darauf abzielen, die Zivilbevölkerung durch bewusste Täuschung irrezuführen. Während MK ULTRA sich psychoaktiver Drogen und Hypnose bediente, um das Bewusstsein einzelner Personen zu verändern, stellen die Falsch- und Desinformations-Kampagnen im Rahmen von COINTELPRO Propagandamethoden dar, die der Zielbevölkerung falsche Informationen einimpfen und so deren Realitätswahrnehmung verzerren.

Fernsehen, Radio, Zeitungen, Magazine, Kino und Internet werden routinemässig missbraucht, um die Öffentlichkeit einem Dauerbeschuss mit falschen Informationen und irreleitender Propaganda auszusetzen.

Programme in den Massenmedien

Natürlich können all diese Medien auch zur Information und Bildung des Menschen eingesetzt werden; wenn sie jedoch von Konzernen sowie religiösen Organisationen und Regierungs-instanzen benutzt werden, um zu desinformieren oder zu täuschen, kommen wir nicht umhin, von Bewusstseinskontrolle im grossen Stil zu sprechen – von der manipulativen Erschaffung eines falschen bzw. unwirklichen Bewusstseinszustands bei der breiten Masse.

Die amerikanischen Intellektuellen Noam Chomsky und Edward S. Herman haben vor einigen Jahren ein Buch mit dem Titel "Manufacturing Consent" herausgebracht, in dem sie eingehend untersuchen, wie die Massenmedien die veröffentlichten Nachrichten und Informationen auf Druck eines Machtverbunds aus Regierung, Werbung und Wirtschaft hin verzerren.

Die sogenannten "Nachrichten", die die breite Öffentlichkeit erhält, sind daher verdreht und verfälscht, um den Interessen der reichen Anzeigenkunden der Massenmedien entgegenzukommen – den mächtigen Konzernen, die die Massenmedien kontrollieren und besitzen, wie auch den mächtigen Regierungsbehörden, die mittels Presseerklärungen oder -konferenzen gewissermassen nach Gutdünken "Nachrichten" erschaffen.

Dabei spielt sich die Wirklichkeit vor unsere aller Augen ab, sichtbar für all jene, die wirklich hinsehen. Der britische Autor David Icke hat aufgezeigt, dass wir selbst in alltäglichen Gesprächen von Fernseh-"Programmen" sprechen – von Nachrichten-"Programmen", Sport-"Programmen", Fernsehquiz-"Programmen" usw.

> *„Das Fernsehen hat eine Macht, die größer ist als es je in der Geschichte eine Macht gegeben hat, wenn sie verwendet wird. So eine Macht kann man in einer Demokratie nicht ohne Selbstkontrolle lassen.“* **Karl Raimund Popper**

Programme programmieren Zielgruppen

Mit anderen Worten: Die tagtäglichen Nachrichten- "Programme" programmieren unserem Bewusstsein buchstäblich eine bestimmte, falsche, von den grossen Medienkonzernen und Regierungsbehörden vorgegebene Weltsicht ein.

- Sport-"Programme" programmieren den Zuschauern, besonders jungen männlichen Zuschauern, eine aggressive, rivalisierende Alles-oder-nichts-Geisteshaltung ein.
- Seifenopern-"Programme" konditionieren ihr vor allem weibliches Publikum, indem sie ihm unablässig ein Menü aus stark zerrütteten sozialen und familiären Verhältnissen servieren, wie sie in der endlosen Flut an Melodramen jeglicher Couleur zum Ausdruck kommen.
- Die stumpfsinnigen Fernsehquiz-"Programme", die ihre Kandidaten mit geschmacklosen Preisen in Form von Geld, Haushaltsgeräten und Unterhaltungselektronik bedenken, programmieren ihre Zuschauer in Richtung einer materialistischen, konsumorientierten Mentalität usw.

Anders ausgedrückt: Die meisten Fernseh-"Programme" sind eben die „Programme" zur Bewusstseinskontrolle!

108

4. Vergiftung der Lebensmittel

Schliesslich sind auch noch die Nahrung, die wir essen, und das Wasser, das wir trinken, in den USA wie auch in anderen Ländern mit schädlichen Chemikalien belastet. Hierfür könnten zahlreiche Beispiele angeführt werden, aber die vier schlimmsten sind Fluorid, Aluminiumverbindungen, Mononatriumglutamat und Aspartam.

Fluorid wird in ungefähr 60 Prozent der kommunalen Trinkwassersysteme in den USA zugesetzt, vorgeblich zur Stärkung der Zähne. Wie Autor Christopher Bryson in seinem Buch "The Fluoride Deception" allerdings nachweist, ist Fluorid ein gefährliches Gift mit zahlreichen schädlichen Folgen für die menschliche Gesundheit, darunter Krebs, Arthrose, Fluorose, Alzheimer und Aufmerksamkeitsdefizitsyndrom (ADS).

Diese Tatsachen sind Industrie und Wissenschaft bekannt, und dennoch wird Fluorid im Rahmen der US-Regierungspolitik dem Trinkwasser zugesetzt. Auch fluoridierte Zahnpasta ist in den USA – und auch in Deutschland – weit verbreitet, obwohl auf jeder Tube die eindringliche Warnung prangt, sich zwecks Notfallversorgung an ein Giftinformationszentrum zu wenden, falls Zahnpasta geschluckt wird.

Selbst Zahnpasta-Hersteller wissen also, dass Fluorid ein gefährliches Gift ist, und dennoch vertreiben sie ein fluoridiertes Produkt, das Menschen tagtäglich in den Mund nehmen! Es gibt Beweise dafür, dass eine Belastung mit Aluminium und Fluorid eine schädliche synergistische Wirkung entfaltet.

Auch in der modernen Küche ist Aluminium allgegenwärtig. So werden Kochsalz und anderen Lebensmitteln oft Aluminiumverbindungen hinzugefügt. Auch Kochgeschirr aus Aluminium hat sich etabliert. Mikrowellen- und andere Fertiggerichte werden für gewöhnlich in Aluminium-schalen abgepackt.

Das Trinkwasser kann Spuren von Aluminium enthalten, da Aluminiumsulfat oft in Anlagen zur Trinkwasseraufbereitung zum Einsatz kommt. (...) In einigen Studien wurde ein Zusammenhang zwischen Aluminium und einem erhöhten Alzheimer-Risiko hergestellt.

Die Life Extension Foundation berichtet, dass die Toxizität des Aluminiums folgende Auswirkungen haben kann: "Gedächtnisschwund, Lernschwierigkeiten, Störungen der Bewegungsabläufe, Bewusstseinstrübung, geistige Verwirrtheit [...] und Kopfschmerzen." Auch eine Belastung durch Blei, Quecksilber, Impfstoffe, Zahnfüllungen und andere Metalle kann zu schwerwiegenden geistigen Störungen führen.

Glutamat – Gefahr für die Gesundheit

Mononatriumglutamat ist ein weit verbreiteter Nahrungsmittelzusatz und zugleich ein Neurotoxin – das heisst, es führt zu neurologischen Schäden an

Gehirn und Nervensystem. Berühmtheit hat es als Zutat in chinesischen Speisen erlangt, doch es wird auch zahlreichen Fertiggerichten und selbst Säuglingsnahrung hinzugefügt.

Aspartam – Gefahr für die Gesundheit

Ein weiterer gebräuchlicher, sehr schädlicher Lebensmittelzusatz ist Aspartam, ein Stoff, der breite Anwendung als Zuckerersatz findet und auch unter den Markennamen NutraSweet, Equal, Spoonful und Equal-Measure gehandelt wird. Zu den möglichen gefährlichen Nebenwirkungen von Aspartam gehören affektive Störungen, epileptische Anfälle und Hirnkrebs.<<

Autor: Dr. Richard Sauder aktualisiert: 03.08.2016
Richard Sauder Bericht" (ISBN 978-3937725-15-4)
https://www.zentrum-der-gesundheit.de/bewusstseinskontrolle-ia.html

Der unsichtbare Krieg

Seit dem 13. Jahrhundert führt die herrschende Klasse einen unsichtbaren Krieg gegen die Bevölkerung mit dem Ziel, leicht zu kontrollierende Untertanen zu erschaffen. Der Mensch soll seine Anbindung zur geistigen Welt, den Glauben an Gott, seine übersinnlichen Fähigkeiten verlieren, vom Wissen über die Naturheilkunde ferngehalten werden um so auf den funktionierenden Konsumenten und obrigkeitshörigen Steuerzahler reduziert zu werden.

Alles begann im Mittelalter, als spirituell hochtalentierte Menschen (sog. „Hexen" und „Hexer") und Menschen mit Wissen über die Naturheilkunde (sog. „Heiler" oder „Giftmischer") von der Kirche verfolgt und ermordet wurden. Ihr über Jahrtausende überliefertes Wissen um Heilkunde und Zusammenhänge von Psyche und Körper wurde voller Absicht verschüttet. Der Übergang von der Natural- zur neuen Geldwirtschaft riss die Menschen aus ihren ursprünglichen Lebenszusammenhängen. Frauen, die Hebammen und Heilerinnen gewesen waren, wurden nun von den sich entwickelnden medizinischen Fakultäten langsam aber sicher verdrängt.

Eine weitere Stufe wurde gezündet, als vor 100 Jahren entdeckt wurde, dass man Medikamente aus Erdöl herstellen kann, die patentiert werden konnten und die maximale Einnahmen bringen würden. Es war die Geburtsstunde der Petrochemikalien. Die führende Kraft hinter dieser Entwicklung war Rockefeller. Das einzige was ihn zunächst hinderte, war die Tatsache, dass Kräuter- und Naturheilmittel in den USA damals sehr populär waren. Etwa die Hälfte der medizinischen Fachkräfte in den USA praktizierten ganzheitliche Medizin, basierend auf Erkenntnissen von Europäern und amerikanischen Ureinwohnern. 100 Jahre später bilden medizinische Hochschulen Ärzte aus, die nichts über ganzheitliche Praktiken oder die vielen Vorteile wissen, die Kräuter bieten. Über 40 Naturheilverfahren gegen Krebs werden in der westlichen Welt systematisch unterdrückt. Von den Kassen werden - dank WHO und Pharmalobby - nur die schlechtesten und teuersten Methoden der Schulmedizin anerkannt: Chemotherapie und Bestrahlung, beide mit sehr schlimmen Nebenwirkungen und sehr schlechter Heilungsquote.

112

Unterbindung unserer Selbsterkenntnis

Einen noch tieferen Einblick in das Thema gewährt uns der Biochemiker Dieter Broers. Wer mehr über das unterdrückte menschliche Potential und das globale Manipulationsprogramm erfahren will, dem sei die Lektüre seiner Bücher empfohlen. Dies ist ein so gewaltiges und komplexes Thema, dass es nicht möglich ist, es in einem Kapitel im Rahmen dieses Buchs verständlich und ausführlich abzuhandeln. Daher folgt hier nur ein Zitat aus dem extrem spannenden Buch „Der verratene Himmel", dass die Ausführungen des Dr. Sauder bestätigt.

>>Die offenbar systematisch organisierte Verrohung ist mittlerweile derartig pervertiert, dass ich mich sogar vor sogenannten Spielfilmen schütze. Mein Verbrauch an virtuellen Szenarien hat sich auf Dokumentarfilme und wenige Sportsendungen reduziert. Aus der Sicht der Initiatoren des organisierten Verrohungs-Programmes führt ihr Medien-Projekt, Aufklärung und Unterhaltung auf einem möglichst niedrigen Niveau zu halten, zum gewünschten Ziel.

(…) besteht dieses Ziel aus zwei Aufträgen: Sicherstellung, dass wir in unseren niedersten Emotionen leben, und das Unterbinden unserer wahren Selbst-Erkenntnis. (….)

So sind die ›Gebote‹ die zu unserer Gesundheit beitragen sollen, mit den gewollten Nebenwirkungen der Dauerpatientenschaft behaftet. Ein ehrliches

Gesundheits-Gebot würde uns nicht nur eine umfassende körperliche und geistige Gesundheit bescheren, sondern uns auch auf den Weg zur befreienden Selbst-Erkenntnis führen können. Das absichtlich degenerierte und/oder synthetische Nahrungsmittelangebot hingegen wird uns keine wirkliche Gesundheit bringen, im Gegenteil. Der hierdurch hervorgerufene körperliche Verfall führt automatisch auch zu geistig-seelischen Erkrankungen.

Sobald wir dieses perverse Spiel durchschauen und uns zum Ausgleich die fehlenden Nahrungsergänzungsmittel beschaffen wollen, werden wir durch neue Verbote daran gehindert – wie uns die neuen Zulassungsbestimmungen für Nahrungsergänzungsmittel verdeutlichen. Da die größte Gefahr jedoch in unserer Selbsterkennung besteht, wurden eigens hierfür Spezialprogramme entworfen. Diese Programme betreffen bevorzugt unser Trinkwasser und unsere Zahnpasta. Durch die Beimengung von – angeblich unsere Gesundheit fördernden – Fluoriden, wird ein Degenerierungsprozess unserer Zirbeldrüse angeregt, der den Zugang zu unserer kosmischen Anbindung verhindert.

Grundsätzlich gibt es vier Wege, um unsere kosmische Anbindung – die unsere Selbst-Erkenntnis ermöglicht – zu unterbinden: NetzDG

- Sinnesüberreizung (Stress) führt direkt zu Punkt 2
- Emotionale Zustände wie: suggerierte Ängste, Schuld- und Minderwertigkeitsgefühle
- Elektrosmog (elektromagnetische Schwingungen in widernatürlicher Frequenz und/oder Intensität)

114

- Chemie: Psychopharmaka und Fluoride

Neben den toxischen Wirkungen führt eine dauerhafte Zuführung von Fluoriden zu einer Degeneration (eine Art Verkalkung) der Zirbeldrüse. Unsere Zirbeldrüse produziert normalerweise diejenigen Neurotransmitter, die eine Bewusstseinserweiterung beziehungsweise eine Selbst-Erkenntnis ermöglichen. Die Zirbeldrüsenproduktion dieser Neurotransmitter (5meoDMT, 6meoDMT, Pinoline usw.), werden durch jeden der oben aufgeführten vier Wege über inhibitorische und/oder metabolische Prozesse unterbunden).<<

Aus dem Buch von Dieter Broers, „Der Verratene Himmel", 2015

Alternativen

Es gibt Manipulationen, denen wir entgehen können. Wir entscheiden, welche Medien wir nutzen und welche Produkte wir konsumieren. Im Folgenden werden an zwei Beispielen Alternativen zu bekannten Produkten gezeigt, die kritische Inhaltsstoffe enthalten.

Bitte recherchieren Sie selbst zu den Inhaltsstoffen der Produkte, die Sie verwenden und bilden Sie sich Ihre eigene Meinung. Lesen Sie die Zutatenliste auf den Verpackungen durch. Sortieren sie zweifelhafte Produkte aus und ersetzten sie diese durch gesündere Alternativen.

Cola

Produkt	Coca-Cola	Bionade Cola	Voelkel Bio Zisch Guarana Cola
Firmensitz	USA	D	D
Verpackung	Aluminium / Glas	Glas	Glas
Phosphorsäure E338	X	ohne	ohne
Zitronensäure E330	X	ohne	ohne
Zuckercouleur E150	X	ohne	ohne
Koffeingehalt je 100ml	10 mg	k.A.	6,5 mg

338 Phosphorsäure

>>Die Risiken

Phosphorsäure ist in Colagetränken in relativ großen Mengen enthalten. Sie kann, wenn diese regelmäßig oder gar täglich getrunken werden, zur Zerstörung des Zahnschmelzes beitragen, was vor allem bei Kindern zu schweren Zahnschäden (so genannten Erosionsschäden) führen kann. Phosphorsäure gilt als »Calciumräuber« und kann vor allem bei Kindern und Jugendlichen zu Knochenschwund führen. Besonders betroffen sind auch andere Menschen mit erhöhtem Calciumbedarf, Schwangere etwa, Leistungssportler oder Frauen in den Wechseljahren. (...)

330 Zitronensäure

Die Risiken

Zitronensäure kann die Zähne angreifen und dazu führen, dass der Zahnschmelz aufgelöst wird. Zitronensäure fördert auch die Aufnahme von Metallen, wie Blei und Aluminium ins Blut. Das kann die Hirntätigkeit beeinträchtigen, zu Lern- und Gedächtnisstörungen führen, aber auch bei so genannten neurodegenerativen Erkrankungen, wie Alzheimer oder Parkinson, eine Rolle spielen, bei denen Hirnzellen zerstört werden. Auch Erkrankungen der Nieren und der Leber können die Folge sein. Am häufigsten sind sicher die Zahnschäden durch Zitronensäure, da die Säure in vielen, bei Kindern beliebten Eis- und Kindertees, in Limonaden und anderen Fruchtsaftgetränken enthalten ist. (…)

Die Säure wird industriell mithilfe des Schimmelpilzes Aspergillus niger produziert, als Nebenprodukt entsteht dabei eine etwa gleich große Menge Gips. Die aggressive Säure kommt auch als Entkalker für Kaffeemaschinen oder als WC-Reiniger zum Einsatz, dann sind von Gesetzes wegen Warnhinweise vorgeschrieben: »haut- und augenreizend« steht daher auf den Packungen, und: „darf nicht in die Hände von Kindern gelangen".<<

Die Dr. Watson Datenbank der Zusatzstoffe, ohne Autor und Datum
http://www.food-detektiv.de/e_nummer_ausgabe.php

>>Sodium Lauryl Sulfate, Kosmetika, Bedenklich

Funktionen: TENSID, Verringert die Grenzflächenspannung von kosmetischen Mitteln und trägt zu einer gleichmäßigen Verteilung bei der Anwendung bei.

Problematik: Möglicherweise toxisch oder gesundheitsschädlich, Untersuchung ausstehend. Irritierend im Kontakt mit Augen, Haut und Atemwegen.

Zahncreme

Produkt	Colgate Total	Lavera Neutral Zahngel	Sante Dental med Myrrhe
Firmensitz	USA	D	D
Fluorid	X	ohne	ohne
Triclosan	X	ohne	ohne
Sodium Lauryl- Sulfat	X	ohne	ohne
Glutamate	ohne	X	ohne

Triclosan, Kosmetika, Sehr bedenklich

Funktionen: KONSERVIEREND: Hemmt in erster Linie die Entwicklung von Mikroorganismen in kosmetischen Mitteln. Alle aufgeführten Konservierungsstoffe sind Stoffe aus der Positivliste der Konservierungsstoffe

Problematik: Bildung resistenter Bakterien. Kann bei Langzeitanwendung zur Bildung resistenter Bakterien führen, sowie möglicherweise hormonell Wirksame Effekte haben. Darf in den USA nicht in Seifen eingesetzt werden.<<

https://www.codecheck.info/kosmetik_koerperpflege/mund_zahnpflege/zahnp asta/ean_8714789970486/id_975601102/Colgate_Total_Original.pro

Tipps zur Aktivierung der Zirbeldrüse

- >> Meiden Sie konsequent Fluoride.
- Entgiften Sie Ihren Körper, indem Sie eine Mineralerde mit einer starken Bindefähigkeit für Toxine (Bentonit, Zeolith etc.) einnehmen. Die gebundenen Gifte können so schnellstmöglich über den Darm ausgeschieden werden.
- Entlasten Sie Ihre Leber mit Präparaten wie Mariendistel, Löwenzahnwurzel, Curcuperin, und Bitterstoffen wie Bitterstern o.ä.

- Führen Sie eine Darmreinigung durch. Dies ist eine ausgezeichnete Massnahme, um möglichst viele Toxine auszuleiten und somit die Leber wirkungsvoll zu entlasten.

- Neben Sie als Nahrungsergänzung die Chlorella-Alge ein. Sie ist hervorragend zur Ausleitung von Schwermetallen geeignet.

- Trinken Sie täglich 2 bis 2,5t Liter gutes Quellwasser, damit ein grosser Teil der gelösten Toxine auch über die Nieren ausgeschieden werden kann.

- Das Einatmen von ätherischen Neroliöl regt die Zirbeldrüsenfunktion an.

- Gehen Sie möglichst täglich für 15 Minuten in die Sonne, denn das Sonnenlicht aktiviert die Zirbeldrüse.

- Singen Sie so oft es geht, da die so erzeugten Schwingungen die Zirbeldrüse stimulieren.

- Atmen Sie während Ihrer Meditation tief und bewusst. Konzentrieren Sie sich dabei auf den Bereich Ihrer Stirn, der zwischen beiden Augen liegt - das so genannte dritte Auge. <<

Aktivierung der Zirbeldrüse, Pravda.tv, 2. Oktober 2018, aikos2309
https://www.pravda-tv.com/2018/10/aktivierung-ihrer-zirbeldruese/

5. Impfungen sollen die Spiritualität ausschalten und uns kontrollieren

>>In seinem Buch „The God Gene" („Das Gottes-Gen") enthüllte der Molekularbiologe Dean Harner, dass ein bestimmtes Gen für religiöse Empfindungen des Menschen verantwortlich sei – das Gen VMAT2.

Unterstützt wird diese Entdeckung durch ein aus dem Jahre 2005 geleaktes Vortragsvideo des Pentagon, in dem ein Wissenschaftler erklärt, dass eine Möglichkeit entwickelt wurde, dieses VMAT2-Gen über ein über die Luft verbreitetes Virus zu unterdrücken, um aus *„religiösen Fundamentalisten bzw. Fanatikern",* wie aus dem Vortrag hervorgeht, „normale Menschen" zu machen.

Der Name dieser Impfung lautet daher auch *FUNVAX* (Vaccine for fundamentalists / Impfung für Fundamentalisten). In diesem Vortrag wird dieses Gen ebenfalls als „Gottes-Gen" bezeichnet und es wird deutlich gemacht, dass dieses Virus grundsätzlich in der Lage sein soll, religiöse bzw. gläubige Menschen „umzupolen", nicht nur „islamische Fundamentalisten", wie an einem Anwendungsbeispiel im Video gezeigt.

Auf dem Portal naturalnews.com stieß ich in einem Artikel auf ein internes Dokument von 2007, wonach bereits sechs Methoden zur Verbreitung solch eines Virus getestet wurden:

- über die Luft aus einer großen Höhe versprüht

- Versetzung ins Grundwasser

- Verbreitung durch Objekte am Boden (z.B. durch Autos/Autogase)

- Verbreitung über Wasserflaschen

- Infizierung der Nahrungsmittelkette

- Ansteckungen über Insekten

Weiterhin solle das Virus nicht nur die religiöse bzw. spirituelle Verbindung unterdrücken, sondern bei den infizierten Leuten auch eine Unzufriedenheit mit Gott oder der Religion auslösen. (...)

Der Whistleblower Joey Lambardi, der das Pentagon-Video und die Informationen über FUNVAX an die Öffentlichkeit brachte, stellte in einem Interview die Vermutung auf, dass der Virus bereits im Nahen Osten erfolgreich getestet wurde und erwähnte dabei Länder wie den Irak, Iran und Libyen, in denen es ja überraschend zu Revolutionen in den Bevölkerungen gegen ihre religiösen Regime gekommen war. Nach diesem Interview hörte man von Lambardi nichts mehr und sein Verbleib ist seitdem ungeklärt.

Die vorhin erwähnten Funde deckten sich mit weiteren bestätigenden Aussagen, die ich in einem Artikel auf zeitenschrift.com vorfand, die eine Verbindung zwischen Impfungen und der Unterdrückung der Spiritualität treffend aufzeigen.

Die schädlichen Inhaltsstoffe in Impfungen, so heißt es im Artikel:

> *„ (...) können bis auf die Ebene der Neutrinos (Lichtstoffwechsel in der DNA) einen direkten Einfluss auf die gesunde seelische Entwicklung und spirituelle Öffnung des geimpften Menschen haben. Im Zusammenhang mit den Stoffwechselprozessen kann man nachvollziehen, was im Organismus auch aus feinstofflicher Sicht abläuft. Mit diesen Kenntnissen ist es nicht mehr verwunderlich, dass durchgeimpfte Menschen oft große Mühe haben, sich für Fakten oder Ansichten außerhalb ihrer engen, oft auch indoktrinierten Denkmuster zu öffnen. Es gibt Gründe, die für diese ‚Blindheit' verantwortlich sind. (...) Dadurch wird der Mensch vom unermesslichen Wissensschatz, auf den er zugreifen könnte, abgeschnitten, und das bereits im frühesten Säuglingsalter. In einer Zeit also, in welcher die schützende Bluthirnschranke noch nicht geschlossen ist. Das Perfide daran ist, dass dies dem ‚verhinderten' erwachsenen Menschen gar nicht bewusst werden kann. Er ist nicht fähig, es überhaupt zu erkennen und dann entsprechende Schritte zu tätigen. "* **Joey Lambardi**

Im Anschluss wird ein möglicher Lösungsansatz gezeigt:

Der erste Schritt ist also, sich all dessen bewusst zu sein und eine Entscheidung zu treffen, ob man sich selbst und seine Kinder (weiterhin) impfen möchte. Im nächsten Schritt sollte man Gifte aus seinen Körper regelmäßig ausleiten (z.B. mit Algen, Bentonit, Aktivkohle, Zeolith). Als ergänzende Maßnahme können alte Glaubensmuster wieder gelöscht werden (u.a. mit Quantenheilung, Kinesiologie, Meditationen, positiven Affirmationen, Gebeten).

Auf der einen Seite haben wir durch Impfungen Vergiftungen und Schädigungen des Körpers auf physischer Ebene (...), auf der anderen Seite Blockaden auf der geistigen und spirituellen Ebene. Es dürfte sicher kein Zufall sein, dass das rapide Aufwachen der Leute weltweit mit ebenso weltweit steigenden Impfkampagnen und Forderungen einer Impfpflicht einhergeht.<<

23. Januar 2019, von Daniel Prinz

http://brd-schwindel.ru/enthuellt-impfungen-sollen-spiritualitaet-ausschalten-und-uns-kontrollieren/

Fazit:

Auf allen Ebenen versucht die herrschende Klasse ihre Untertanen abhängig, krank, dumm und leicht beherrschbar zu machen. Gott sei dank kann sich jeder, der dies einmal erkannt hat darüber informieren, das Wissen in der Familie weitergeben und Gegenmassnahmen treffen.

Unter dem beschriebenen Gesichtspunkt sollten folgende Entwicklungen kritisch betrachtet werden:

- MMS, Multieffekt Mineral Solution (Chlordioxid) wird seit Jahrzehnten zur Trinkwasserentkeimung und zur Desinfektion in der Medizin benützt; es ist wirksam gegen krankmachende Bakterien,

Viren, Egel, Parasiten, Pilzbefall, hilft auch zur Ausleitung von Schwermetallen. MMS darf nicht als Medikament beworben werden: Es wird im Handel angeboten als: "Wasserreiniger", "Desinfektionsmittel", "Trinkwasser- Entkeimung". Im Mainstream ist seit Jahren eine Chlordioxid-Medienhetze zu beobachten, die mit reisserischen Überschriften und Behauptungen die Bürger zu erschrecken versucht, allen voran beim *Spiegel* und verschiedenen ARD-Sendern.

- Die Haftpflichtprämie für freiberuflich in der Geburtshilfe tätige Hebammen erhöhte sich zum 1. Juli 2018 erneut. Wie der Deutsche Hebammenverband mitteilte, liegt der jährliche Beitrag nun bei 8.174 Euro. Betroffenen sind rund 2.600 freiberufliche Hebammen. 2019 beschließt der Bundesrat: Zum Beruf der Hebamme führt künftig ein auf zwischen sechs und acht Semester angelegtes Studium. Bis 2022 gibt es eine Übergangszeit. Durch diese Maßnahmen wird dieser wichtige Beruf immer unattraktiver.

- In Kitas, Schulen, Flüchtlingsunterkünften und im Gesundheitswesen gilt ab dem 1. März 2020 eine Masern-Impfpflicht. Wer sich nicht impfen lässt, muss mit bis zu 2.500 Euro Bußgeld rechnen.

- In Frankreich sollen homöopathische Arzneimittel ab 2021 nicht mehr erstattet werden. Auch in Deutschland wird darüber diskutiert.

9 Kulturmarxismus

Fragen Sie sich auch hin und wieder, was aus der Kulturnation Deutschland geworden ist, dem Land der Forscher und Erfinder, der Dichter und Denker? Wie kann es sein, dass das Niveau in allen Bereichen der Gesellschaft in den letzten 30 - 40 Jahren so dramatisch gesunken ist?

Hier einige Schlagzeilen aus dem dem Frühjahr 2018:

>>Die Gewalt an deutschen Schulen nimmt zu - Lehrer werden attackiert, Schülerinnen die nicht an Allah glauben diffamiert und bedroht. Wer sich als deutsch zu erkennen gibt, ist ein "Nazi".<< (Epoch Times)

>>Merkels Realsozialismus: „Heute werden Kinder zum Schleimen, Petzen und Mobben motiviert"<< (FAZ)

>>Linksextremistische Straftaten gegen Leib und Leben haben sich in Hamburg verdoppelt. Delikte gegen privates Eigentum haben sogar um das Zwanzigfache zugenommen.<< (Epoch Times)

Der Zerfall der Werte

>>Blickt man in die Gesellschaft, wird all das, was früher unter dem Oberbegriff „Werte" zu verstehen war und der Gesellschaft inneren Halt und Kitt gab, heute als altbacken, rückständig und hinterwäldlerisch dargestellt. Meist verleumderisch zusammengefasst unter dem Oberbegriff „Rechts".

Worte wie „Anstand, Pünktlichkeit, Ordnung, Rücksichtnahme, Moral, Fleiss, Ausdauer, Erziehung, Familie, Gemeinschaft, Tradition, Heimatliebe" – alles Werte, auf denen eine intakte Gesellschaft eigentlich aufgebaut ist – werden in der heutigen Gesellschaft als Synonyme für Rückständigkeit, Unterdrückung oder gar Rassismus verstanden.

Der Zerfall der alten Werte zeigt seine destruktive Wirkung auf die Gesellschaft: Heute wird fast jede dritte Ehe geschieden, die Zahl der Eheschliessungen geht zurück, die Zahl der Alleinerziehenden steigt, die Zahl der Kinder pro Ehe sinkt gegen 1. Abtreibungen sind inzwischen gang und gäbe. Die Kriminalität steigt allgemein, die Kriminalität von Kindern und Jugendlichen explosionsartig. (…)

Das Rechts- und Sittlichkeitsbewusstsein nimmt von Generation zu Generation ab. Wie konnte es soweit kommen, dass elementare gesellschaftliche Standards heute dahinschmelzen wie Eis in der Sonne?

Man könnte bei der Beobachtung dieser Zustände von einem Zufall, einer natürlichen Entwicklung, einer Laune der Geschichte oder einfach dem „Zeitgeist" ausgehen. (...) Allerdings lässt sich nicht bestreiten, dass sich Gesellschaften stets von Ideologien und Ideen leiten liessen, die oft nicht aus ihr selbst entstammten, sondern von anderen Menschen erschaffen wurden, um die entsprechende Gesellschaft zu lenken.<<

Epoch Times, 14. November 2017, Aktualisiert: 20. Mai 2018 12:13, Ein Text aus der Schweizer "Express-Zeitung"
https://www.epochtimes.de/politik/deutschland/kulturmarxismus-teil1-zerfall-der-werte-und-verschweinung-der-gesellschaft-a2267292.html

Die Zerstörer der westlichen Zivilisation

>>Aus dem Bestreben, den Marxismus wieder salonfähiger zu machen, ging unter Professor Horkheimers Leitung die „Kritische Theorie" hervor. Die Kritische Theorie verpackte die marxistische Ideologie in scheinbar anerkennenswerte Forderungen wie „Demokratisierung", „Diskussion", „Befreiung (Emanzipation) von allen Zwängen und Unterdrückungen", aber auch: „Zerschlagung aller Ordnungen", „Chancengleichheit", „Überwindung der Entfremdung".

Die wichtigsten Vertreter der Frankfurter Schule waren: Marx Horkheimer, Theodor W. Adorno, Herbert Marcuse, Erich Fromm, Jürgen Habermas.

Wegen der marxistisch-kommunistischen Ausrichtung des Frankfurter Instituts wurde es am 13. März 1933 wegen „staatsfeindlicher Umtriebe" geschlossen. Alle Mitglieder mussten immigrieren. Nach ihrer Rückkehr machten sie den Marxismus, getarnt als „Kritische Theorie", in Deutschland wieder salonfähig. ...

Dass uns die dahinter stehende Ideologie des „kulturellen Marxismus" geschickt hinter der Maske der political correctness verkauft wird, ahnt kaum jemand. (…)

Diese Mixtur der heutigen Linken, der Gutmenschen und Antifas, der Social Justice Warrior und Neofeministinnen sind eben kein Zufall, keine unerwartete, einzelne Erscheinung; sie sind das zwangsläufige, seit der Nachkriegszeit entwickelte Ergebnis des kulturellen Marxismus, welche alle Säulen unserer Kultur und unserer Geschichte einreißen will. Sie sind die vierte Generation, die das fortsetzen, was die Professoren der 50er, die Studenten der 60er die Lehrer der 70er und 80er begonnen haben.<<

8. Dezember 2017, Wolfgang Arnold
https://buntingen.de/die-zerstoerer-der-westlichen-zivilisation/

Der dunkle Ursprung des Kommunismus

>>„Ein Gespenst geht um in Europa", lautete der erste Satz des „Kommunistischen Manifests". Der Kommunismus an sich ist keine strahlende Theorie zum Nutzen der Menschheit, sondern entstammte direkt dem Satanismus.

Laut Forschung des berühmten Historikers James Billington (Leiter der Bibliothek des US-Kongresses) stammt die Kommunistische Partei vom bayerischen Illuminati-Orden ab.

Der Führer der Illuminati, Adam Weishaupt (1748 bis 1830) war ein Satanist, der Luzifer verehrte. Der „Bund der Gerechten" war eine erweiterte Organisation, die von den Illuminati im Hintergrund gesteuert wurde. Im Juni 1847 hielt dieser Bund seine erste Vollversammlung in London ab und änderte dort seinen Namen in „Bund der Kommunisten". Im November des gleichen Jahres beauftragte die Organisation Karl Marx und Friedrich Engels als Autoren des „Kommunistischen Manifests". Am 21. Februar 1848 wurde das „Kommunistische Manifest" – eine Manifestation des Bösen – veröffentlicht und der Aufstieg der kommunistischen Bewegung begann.

Die satanistischen Grundsätze der Illuminati und ihre These „der Zweck heiligt die Mittel" wurden von der Kommunistischen Partei übernommen. So heißt es am Ende des „Kommunistischen Manifests": „Die Kommunisten verschmähen es, ihre Ansichten und Absichten zu verheimlichen. Sie erklären es offen, dass ihre Zwecke nur erreicht werden können durch den gewaltsamen Umsturz aller bisherigen Gesellschaftsordnungen."

> *Wir müssen alle möglichen Tricks, Intrigen, Betrug, List, illegale Mittel und Vertuschungsmethoden verwenden und die Wahrheit verdecken."* **Lenin**

Grausamkeit und Betrug sind allen kommunistischen Regimen als Merkmale gemein. Die kommunistische Theorie spielte den Menschen die Illusion vor, ein Paradies auf Erden zu errichten, aber in Wirklichkeit richtet sich diese Theorie gegen die Menschheit als solche.

Hass auf die Menschheit ist ein gemeinsames Merkmal aller kommunistischen Theoretiker. Marx, Engels, Lenin und Stalin – diese vier großen Vordenker des Kommunismus waren alle Satanisten. Dies geht aus Dokumenten hervor, die in den vergangenen Jahren öffentlich wurden, ebenso aus wissenschaftlichen Forschungen.

Der dunkle Ursprung des Kommunismus: Hass auf die Menschheit, Hass auf die Schöpfung, März 2017
https://www.epochtimes.de/wissen/der-dunkle-ursprung-des-kommunismus-satanismus-illuminaten-und-ihr-hass-auf-die-welt-a2065872.html

10   Gehirnwäsche

>>Gehirnwäsche ist ein Konzept zur sogenannter psychologischer Manipulation. Dabei wird mit Taktiken der mentalen Umprogrammierung das Selbstvertrauen und die eigene Urteilskraft der Zielperson angegriffen, um deren Grundeinstellungen und Realitätswahrnehmungen zu destabilisieren und anschließend durch neue Einstellungen zu ersetzen. Ältere Gehirnwäsche-Methoden versuchten den psychischen Widerstand mit körperlicher Gewalt zu brechen. Theorien der Gehirnwäsche entstanden zunächst im Zusammenhang mit totalitären Staaten. Später wurden sie vereinzelt auch in religiösen Gruppen (Sekten) angewandt.<<

Quelle: Wikipedia

Das klingt alles sehr theoretisch. Wie funktioniert es in der Praxis? Fragen wir doch am Besten einen Profi auf diesem Gebiet.

„Wenn man eine große Lüge erzählt und sie oft genug wiederholt, dann werden die Leute sie am Ende glauben. Man kann die Lüge so lange behaupten, wie es dem Staat gelingt, die Menschen von den politischen, wirtschaftlichen und militärischen Konsequenzen der Lüge abzuschirmen.“ **Joseph Goebbels**

„Das ist das Geheimnis der Propaganda: den, den die Propaganda fassen will, ganz mit den Ideen der Propaganda zu durchtränken, ohne daß er überhaupt merkt, dass er durchtränkt wird.“ **Joseph Goebbels**

Erstaunlicherweise sind sich die historischen Parolen aus den letzten 90 Jahren in den Aussagen sehr ähnlich. Die politische Ausrichtung der verschiedenen Regierungen ist dabei unwichtig, denn die Inhalte lassen sich beliebig austauschen.

Gemeinsam ist ihnen in jedem Fall der kollektivistische Charakter. Das Individuum soll in der Masse untergehen und einer großen Idee folgen. Eigenständigkeit oder kritisches Denken sind dabei unerwünscht und werden vom System unterdrückt. Die Parolen werden dauerhaft über die Medien verbreitet, bis sie sich in das Bewusstsein der Menschen eingenistet haben.

Übersicht historischer, politischer Parolen

	Optimismus	Kollektivismus	Veränderung
NSDAP	„Sieg Heil"	„Ein Volk, ein Reich, ein Führer"	„...muss der deutsche Junge der Zukunft..."
SED	„Das schaffen Wir"	„Die Partei - das werden wir"	„Das moralische Gesicht des neuen sozialistischen Menschen..."
H. Kohl	„Miteinander schaffen Wir`s"	„Europa ist unsere Zukunft, unser Schicksal"	„geistig-moralische Wende"
A. Merkel	„Wir schaffen das"	„Scheitert der Euro, scheitert Europa"	„Energiewende"
B. Obama	„Yes we can"	--	„Change"

Darum funktioniert Propaganda

Wie kann man die Bevölkerung lenken, wie kann man sie dazu bringen, dem zu folgen, was die Finanzmafia, der Deep State, die globalistische Weltregierung erreichen will?

Wie verkauft man den Massen eine Agenda, die langfristig zu ihrem Nachteil führt, als sinnvoll? Wie verkauft man ihr eine Invasion von Fremden als „Flüchtlingskrise", wie verkauft man ihr die undemokratische EU als „Friedensprojekt" und die geplante Missgeburt Euro als „Erfolgsmodell". Allein durch die tausendfache Wiederholung von Parolen? Das kann doch nicht so einfach sein, denken Sie? Doch, leider es ist so einfach.

Das Prinzip funktioniert seit Jahrhunderten sehr effektiv, weil es bei den Menschen zwei verschiedene Denktypen gibt, die unterschiedlich auf Informationen von den Medien reagieren. Aus dem einfachen Grund, weil 80% der Menschen den Denkmechanismus Paradigmatiker haben, funktioniert das globale Herrschaftssystem der Mächtigen.

Lieber Leser, Ich weiss nicht wer Sie sind, der gerade dieses Buch in den Händen hält. Ich weiss nicht, ob Sie sich bisher aus den klassischen oder aus den alternativen Medien informiert haben, ob Sie sich bereits über das Geldsystem, das Machtsystem auf dieser Welt Gedanken gemacht haben und eigene Nachforschungen unternommen haben.

Was ich aber sicher weiss ist, es gibt - sehr vereinfacht gesagt - zwei unterschiedliche Denktypen unter uns Menschen. Natürlich handelt es sich dabei nicht um messerscharf abgrenzbare Teilgruppen, es gibt auch Übergänge. Aber die Vereinfachung ist nötig, um das Phänomen zu beschreiben. Und ich ahne, wie die unterschiedlichen Denktypen auf die Lektüre dieses Buches reagieren werden.

Viele Menschen glauben von sich, im Besitz der Wahrheit zu sein, dabei ist das überhaupt nicht möglich. Es gibt Milliarden Informationen auf dieser Welt und jeder von uns nimmt nur einen Bruchteil davon wahr. Was wir Menschen haben, ist keine Wahrheit, sondern nur ein Weltbild, ein sehr individueller Eindruck der Wirklichkeit.

Denktypen

Es gibt bei uns Menschen nun einmal völlig unterschiedliche Denktypen oder Wahrnehmungsmechanismen, um die angebotenen Informationen zu verarbeiten.

Wissen Sie, zu welchem Denktyp Sie gehören? Gleich werden Sie es wissen. Können Sie sich einer dieser beiden Denktypen zuordnen?

Denktyp 1: der Paradigmatiker und der Wunschdenker

Sind sie dieser Typ?

- Sie sind harmoniebedürftig, vermeiden gerne Konflikte?

- Sie lieben emotionale Sicherheit, wollen in Ihrem Umfeld anerkannt sein?

- Sie vertrauen im Großen und Ganzen den Medien?

- Sie fühlen sich in einer Gruppe gleichgesinnter Menschen am wohlsten?

- Sie haben eine feste Vorstellung darüber, wie die Welt funktioniert und Informationen die dieses Weltbild stören, sind Ihnen eher unangenehm?

- Bei Ihnen treffen die Bemühungen der Mainstream-Medien, diejenigen Personen, die Ihr Weltbild stören, als Spinner, Verschwörungstheoretiker oder Nazis zu bezeichnen auf Zustimmung?

Wenn Sie diese Beschreibung anspricht, sind Sie ein Paradigmatiker. Sie gehören zur Mehrheit in der Gesellschaft (ca. 80 Prozent der Menschen)

Denktyp 2: der Empiriker

Oder sind sie eher diese Typ?

- Sie sind eher misstrauisch gegenüber Medien und Politikern? Sie sind eher eigensinnig und unangepasst?

- Sie können gerne allein sein um zu lesen oder nachzudenken, sie neigen zum Grübeln?

- Möglicherweise sind sie ein Einzelgänger, ein Eigenbrötler?

- Sie können sich stundenlang mit einem Thema beschäftigen, das Sie interessiert?

- Sie sind von Ihrem Umfeld schon mal als „schwierig", „Spinner" oder „Verschwörungstheoretiker" bezeichnet worden?

- Sie sind eventuell hochsensibel, Sie neigen zu Stresssymptome?

Wenn Sie diese Beschreibung anspricht, sind Sie ein Empiriker. Sie sind in der Minderheit (ca. 20 Prozent der Menschen)

Die bewusste Unterteilung in zwei Denktypen durch den Autor, zwecks vereinfachter Darstellung des Themas, kann jedoch weiter verfeinert werden, indem man bei den Paradigmatikern eine zusätzliche Differenzierung vornimmt, so wie David Ray Griffin es macht.

David Griffin: Es gibt drei verschiedene Denktypen

>>David Ray Griffin teilt Menschen in drei Gruppen. Die erste davon nennt er „empirisch orientiert" oder „empirical people", um ihn wörtlich zu zitieren. Von ihnen werden die Fakten studiert, gegeneinander abgewogen, und darauf basierend entsteht die Meinung.

Dann beschreibt er, was er „Paradigmatiker" nennt. In diesem Fall ist eine Grundeinstellung, ein Paradigma, vorgegeben. So funktioniert die Welt. Und was in dieses Bild nicht passt, wird abgelehnt.

Der dritten Gruppe gehören, Griffins Meinung zufolge, die meisten Menschen an. Er nennt sie: Wunschdenker, und ergänzt: Wunsch- und Angstdenker. Von ihnen wird praktisch alles zurückgewiesen, was Furcht und ein Gefühl der Unsicherheit hervorrufen könnte. (..) <<

Gutgläubige und Aufgewachte - eine Typologie

Denktyp	Paradigmatiker & Wunschdenker	Empiriker
Prinzip	Glauben	Wissen
Abfällige Bezeichnung der Gegner	Schlafschaf Gutmensch Gehirngewaschener	Spinner Verschwörungstheoretiker Reichsbürger
Informations-quellen	ARD, ZDF, Spiegel, Bild, Welt, Zeit, Stern, Wikipedia	Epoch Times, Jouwatch, Volksbetrug, Pravda-tv, Wikimannia
Typische Berufe	Angestellte, Beamte	Selbständige, Freiberufler

Bedeutung für das System	lenkbare Untertanen	Feinde, die bekämpft werden müssen
Verteilung i. d. Bevölkerung	ca. 80 %	ca. 20 %
Meinung zur Migration	Merkel rettet Flüchtlinge aus humanitären Gründen	Die Flüchtlingswelle wurde in Gang gesetzt, um die Christen / dieWeissen in Europa zurückzudrängen
Meinung zum Klimawandel	Der Klimawandel ist durch den Menschen verursacht, es droht eine Katastrophe	Der „anthropogene" Klimawandel ist eine Erfindung des US-Finanzkartells, um mit CO2-Zertifikaten und Fonds Geld zu verdienen
Meinung zum Euro	Der Euro ist sinnvoll und wird gerettet	Der Euro ist die Abrissbirne für die europäischen Staaten, um sie in die totale Verschuldung zu führen

11 Literaturliste

- Die Getriebenen - Robin Alexander

- Vertrauliche Mitteilungen, Spezialausgabe zur Umerziehung des deutschen Volkes, Juni 1984

- Die Methoden der Umerziehung – Udo Walendy

- Praktischer Idealismus, 1925 - R. N. Coudenhove-Kalergi

- Die Europäische Nation, 1953 - R. N. Coudenhove-Kalergi

- Richard Sauder Bericht, 2010 - Roman Schmitt Verlag

- Der verratene Himmel – Rückkehr nach Eden - Dieter Broers

- Mausfeld, Rainer, Warum schweigen die Lämmer? Wie Elitendemokratie und Neoliberalismus unsere Gesellschaft und unsere Lebensgrundlagen zerstören